傲驰影效科技集团 📷 编著

广告背后

商业广告制作的魅力

HO

人民邮电出版社
北京

图书在版编目（CIP）数据

广告背后 : 商业广告制作的魅力 / 傲驰影效科技集
团编著. -- 北京 : 人民邮电出版社, 2024.1
ISBN 978-7-115-62776-6

Ⅰ. ①广… Ⅱ. ①傲… Ⅲ. ①商业广告－制作 Ⅳ.
①F713.81

中国国家版本馆CIP数据核字(2023)第187770号

内 容 提 要

　　本书由广告行业经验丰富的傲驰影效科技集团编著而成，目的是向读者分享广告制作行业的工作流程、方法和技巧。全书语言轻松易读，讲解了广告制作背后的故事，并配有大量的平面广告作品。读者在欣赏作品的同时可以全面了解广告制作的过程，包括与客户沟通、构思创意、美术设计、摄影制作、后期处理等环节。通过这本书，读者不仅可以领略传统平面广告的魅力，还可以了解当代广告制作行业的工作流程和实践经验。

　　本书适合从事广告设计和广告制作的人士阅读，也可作为广告专业学生的参考书。

◆ 编　　著　傲驰影效科技集团
　　责任编辑　王振华
　　责任印制　马振武

◆ 人民邮电出版社出版发行　　北京市丰台区成寿寺路 11 号
　　邮编　100164　　电子邮件　315@ptpress.com.cn
　　网址　https://www.ptpress.com.cn
　　北京九天鸿程印刷有限责任公司印刷

◆ 开本：787×1092　1/12
　　印张：13.67　　　　　　　　　2024 年 1 月第 1 版
　　字数：336 千字　　　　　　　2024 年 1 月北京第 1 次印刷

定价：148.00 元

读者服务热线：(010)81055410　印装质量热线：(010)81055316
反盗版热线：(010)81055315
广告经营许可证：京东市监广登字 20170147 号

PREFACE
前言

编写这本书是一种新的尝试，希望通过这本言简意赅的书给那些有意了解商业广告制作或已经加入这个行业但仍在迷茫的读者提供方向与引导。

在过去的十几年里，各行各业出现了很多优秀的商业广告案例，展现在人们眼前的是高超的摄影技巧、惊喜不断的创意、富有质感的视觉效果。但如何专业地了解这一张张"大片"背后的故事呢？

"大片"之所以能以这样或那样"华丽"的姿态呈现于人们眼前，离不开商业广告制作专业且复杂的工作流程。可能有人以"常识"去描述商业广告制作的种种，但作为在广告制作行业摸爬滚打十余年的企业，我们希望通过出书这种方式详细地介绍商业广告制作的流程与方法，分享背后不为人知的故事，一探绚丽多彩的图片是如何制作而成的。

为了便于读者轻松阅读，本书使用通俗易懂的语言描述制作流程中的每一个知识要点和经典案例。当然，也不要误以为有了这么一本书就能真正了解和掌握商业广告制作，仍需要更多实际制作经验的积累，而制作经验积累的过程亦是自我能力提升的过程。

通过本书，你能够深入了解一个五光十色、艰辛却又让人"欲罢不能"的行业。"大片"出街时的那份欣喜若狂，只有参与者才能体会。

本书的编写得到了人民邮电出版社王振华老师耐心细致的协助，在此表示感谢，还要感谢宝马中国、梅赛德斯-奔驰、极氪、东风日产、红旗、北汽新能源等企业的案例支持。

编著者

CONTENTS
目录
———

第 2 章

广告创意与广告制作的关系

第 3 章

好提案能帮助客户做正确的决定

第 4 章

事无巨细且井井有条的前期筹备

第 5 章

开拍啦

第 6 章

痛并快乐着的
后期

附录

你的付出终将
被看到

THE i3

第 **1** 章

谈论广告时
到底在谈什么

广告，顾名思义，就是广泛地宣传告知，向社会公众广而告之某件事物。

"酒香也怕巷子深"，在当今物质丰富的市场环境下，即便是非常优质的产品或服务，若不做宣传和推广，也可能淹没在市场的茫茫大海中。因此，如何提高产品知名度和品牌形象，让消费者了解、认可并购买企业的产品或服务，是每位企业决策者面临的重要课题。

广告正是实现这些目标的有效手段，以其虽短犹精、极富感染力和传播性的特点，在市场推广中起到"四两拨千斤"的作用。

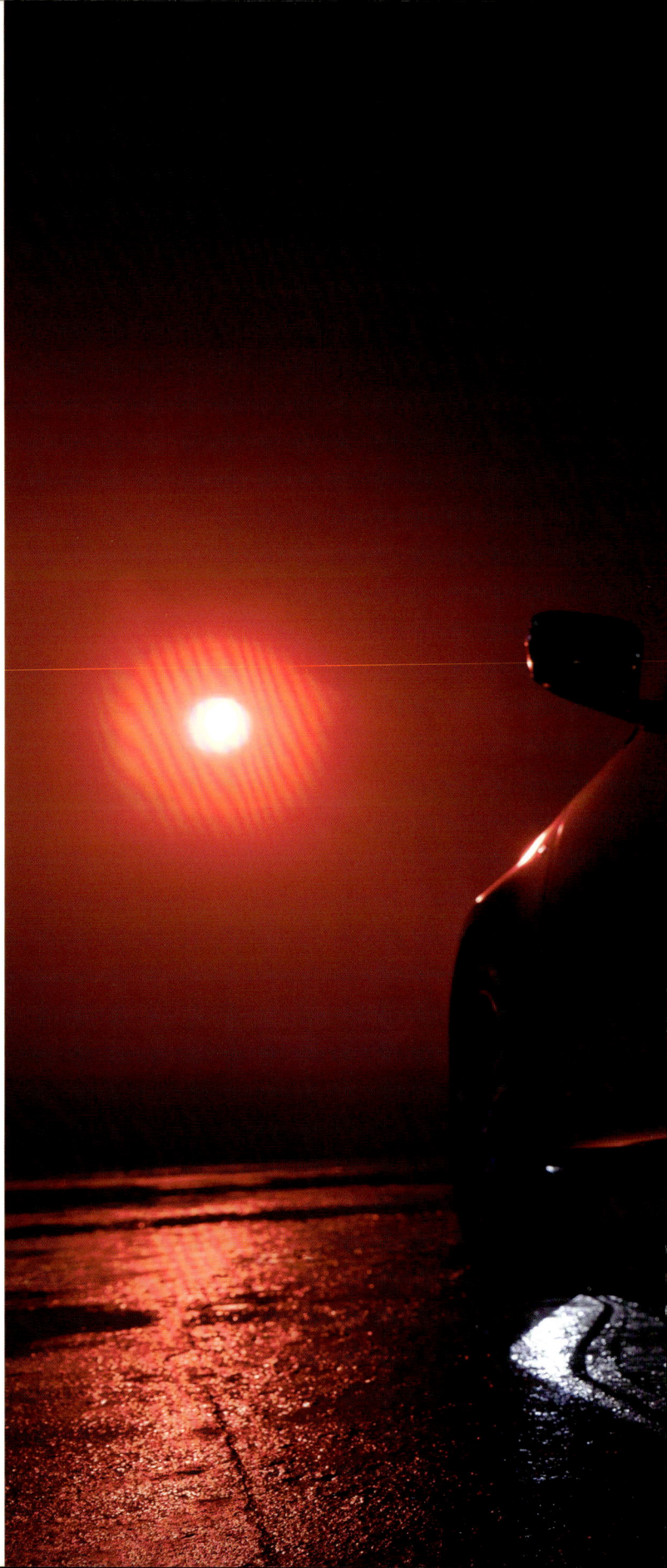

1.1 什么是广告

对于广告的定义，采用较多的是威廉·阿伦斯（William F.Arens）在《当代广告学》中给出的："广告是由已确定的出资人通过各种媒介进行的有关产品（商品、服务和观点）的宣传，通常是有偿的、有组织的、综合的、劝服性的、非人员的信息传播活动。"

简单来说，广告是一种以赢利为目的，由特定广告主付费，借助各种传播媒介，有目的、有计划地公开向消费者进行信息传递的活动。广告信息本身集说服性、高监控性、科学性与艺术性等特征于一体。

威廉·阿伦斯精练地概括了商业广告的特征，主要包括以下 6 点。

· 以赢利为目的。

· 必须有明确的广告主（一般称为客户）。

· 广告是一系列信息传播活动。

· 广告的受众一般是群体而非个体，是一种公开的、非面对面的传播形式。

· 有劝服性。

· 广告需要借助某种传播媒介，才能向非特定的目标受众广泛地传达信息。

THE i4 M50

在广告媒体日益多元化的现代社会，应加强对新兴媒体的开发和研究，开拓媒体视野，特别是新的通信技术和网络技术的发展，使得媒体整合的有效性和科学性成为广告媒体研究的重要内容。

人类社会对广告的需求古已有之。早在原始社会，广告就随着商品交换的出现而出现了，早期的广告以叫卖形式为主。随着社会的发展，产生了商标字号、音响广告、悬帜广告等。

印刷术的发明也对广告产生了极大影响。最初的是印刷品广告、招牌对联广告等，后来近现代报纸杂志的出现大大加速了广告的发展，在此基础上诞生了脱离报社而独立的广告公司。

近现代摄影技术、电影电视及互联网技术的飞速发展，让广告更加多姿多彩。摄影技术催生了平面广告，电影电视及互联网技术则让视频广告蓬勃发展。当前市场条件下的商业广告制作业务主要集中在平面广告拍摄和视频广告制作这两类，这也是当前最主要的广告形式。

在行业持续发展的过程中，广告的文化性和艺术性不断增强，呈现出独特的魅力。现如今，广告既是一种经济现象，具有功利性；又是一种文化现象，具有思想性。广告的价值不再局限于促进消费、传达品牌形象、引导消费理念等经济价值，而是具有越来越多的社会价值、文化价值和艺术价值。

不论是古代还是现代，不论是文字、图片，还是视频，广告的本质在于方便人们获取信息。因此，在广告制作的各个环节都应谨记这一点，这样才能让广告发挥更大的作用、产生更好的效果。

1898 年世界上第一则汽车广告

1.2 常见的广告类别

随着经济和技术的发展，广告业蓬勃壮大，逐渐细分出不同种类的广告。对广告类别的划分并没有绝对的界限，但进行分类可以为我们提供一个思考的切入角度，以便更全面地认识广告，更有效地制定广告策略，进而正确地选择和使用广告媒介。

分类标准	类别
广告内容	产品广告、品牌广告、观念广告、公益广告
广告目的	告知广告、促销广告、形象广告、建议广告、公益广告、推广广告
广告策略	单篇广告、系列广告、集中型广告、反复广告、营销广告、比较广告、说服广告等
传播媒介	报纸广告、杂志广告、电视广告、电影广告、网络广告、包装广告、广播广告、招贴广告、POP 广告、交通广告、直邮广告、车体广告、门票广告、餐盒广告等
表现手法	图像广告：以图片为主
	文字设计广告：以文字编排为主
	幽默广告：以幽默情景为主
	人物肖像广告：电影演员、歌手等各行业代表人物
	视听广告：声音、影像、音乐、节奏
传播范围	国际性广告、全国性广告、地方性广告、区域性广告
传播对象	消费广告、企业广告
主体	一般广告、零售广告
目标受众的活动区域和范围	家中媒介广告，如报纸、电视、杂志、直邮等媒介形式的广告
	途中媒介广告，如路牌、交通、霓虹灯等媒介形式的广告
	购买地点媒介广告

商业产品广告、企业宣传片和公益广告是比较常见的几类广告，下面将逐一进行介绍。

1.2.1 商业产品广告

商业产品广告是指为了推销商品、提供服务或倡导观点，广告主以付费的方式通过媒介向消费者或用户传播信息的广告，这里所指的产品包括商品、服务和观点等。商业产品广告是最常见的一类广告。

商业产品广告可以促销有形商品，如汽车、服装、食品等，一般需要介绍商品的质量、功能、价格、品牌、生产厂家、销售地点与该商品的独特之处，以及可以给人何种特殊的利益和服务等信息。

全新BMW X5

现在越来越多的机构或个人开始利用广告倡导各种各样的观点。企业对影响自身生存发展和与公众的根本利益息息相关的生活理念也会发布一些看法及观念类的广告，以使企业获得长远利益。

商业产品广告的目标受众可能是消费者，也可能是最终使用者。这类广告力求引起目标受众和潜在消费者的关注，能够产生直接和即时的广告效果，或在目标受众心中树立良好的产品形象，从而打开销路、推销产品，提高市场占有率。

1.2.2 企业宣传片

企业宣传片，是指通过广告片对企业的精神、文化和发展状况进行高度艺术浓缩的展示，以达到树立品牌、提升形象、彰显文化的目的。其内容一般包括企业发展历程、企业文化、服务理念、专业实力、项目成果、产品生产使用等综合信息。宣传片已经成为企业必不可少的形象宣传工具之一。

虽然企业宣传片对产品的销售可能不会产生立竿见影的效果，但可以让公众快速了解企业的历史、发展状况、经营情况等信息，也能有效地传播企业的经营理念、宗旨，从而促进和改善企业与公众的关系，增强企业的知名度和美誉度。

1.2.3 公益广告

公益广告是指不以营利为目的，为社会提供免费服务的广告活动。其主题通常包括自然环境、人文道德、公共秩序等，借助广告富有感染力、传播性强的特点来倡导某些行为、普及某种观点。公益广告具有主题的现实性、表现的号召性和问题的社会性三大特点。

是时候，
换个角色了

请关爱孤寡老人

　　公益广告通常以政府有关部门为主体，广告公司和部分企业也会参与其中。现在有越来越多的公司开始制作公益广告，借助公益广告的社会普及性来提高企业形象，向社会展示企业经营理念。公益广告正日益成为企业与社会公众沟通的重要形式。

　　公益广告较早在国外出现，尤其是电视公益广告。欧美国家和地区的电视台播出的公益广告大多是由一些非政府组织（Non-Governmental Organizations，NGO）发布的，如国际红十字会、世界卫生组织、联合国儿童基金会等。目前，我国的公益广告事业也有了长足的发展，公益广告已十分常见。

1.3 广告好不好，谁说了算

广告活动有众多角色参与，如广告主、摄影师、广告代理公司、媒介、受众等。广告主考虑销售，摄影师注重美感，受众期待信息真实且不被打扰……各方对广告抱有不同的期待，对好广告的定义各不相同。

1.3.1 参与广告的不同角色

广告活动是通过广告主、广告代理公司、广告制作公司、广告媒介、广告受众等主体之间的互动而展开的。下面逐一介绍这些参与广告的不同角色。

广告主主要指商品生产者、服务机构、经销商或社会团体，是整个广告活动的起点，为广告付费，在广告行业中统称为客户。他们发起广告活动，寻找代理商，通过与广告代理商的合作达成广告目标，实现自己的经济利益或其他利益。

广告代理公司在整个广告活动中居于核心的地位。通过承揽广告业务，与广告主合作，提供广告创意，完成广告的策划。广告代理公司向媒体购买广告版面和时段，将广告信息向目标人群投放，争取目标受众，以达成广告目标。

广告制作公司主要提供各类广告的制作服务，将创意转换成可见的广告作品。一般包括前期筹备、拍摄和后期制作等。

广告媒介主要包括电子媒介、印刷媒介、互动媒介及一些辅助性媒介。广告媒介通过出售版面和时段来获取经济利益，是广告信息的发布者。在广告传播过程中，广告媒介具有重要的渠道作用。借助媒介，广告代理公司向目标受众传播广告信息。

广告受众即观看广告的人。他们通过广告了解商品或服务信息，依据自身需求产生购买行为，是整个广告活动的终点。广告是通过影响受众来达成广告目标的，受众的购买行为使广告目标得以实现。因此，广告受众也是广告的重要评价者。

1.3.2 什么样的广告是好广告

对于什么是好的广告，不同的角色有不同的看法。一般来说，广告制作公司更关注视觉表现的效果，广告主更关注广告所带来的销售效果，广告受众则会对广告做出是否触发消费行为的评价。

事实上，最重要的是销售数据，叫好又叫座才是最好的。也就是说，什么是好广告最终是交予市场来判定的。因此，虽然广告制作关联的各方都有自己的评判标准，但最终都要回归到"广告为品牌和销售服务"上来，提高产品销量、让品牌深入人心才是制作广告的目的。好的广告是广告制作公司和广告主共同认可的，且能实现良好销量的广告。

具体到广告制作层面，傲驰影效科技集团（后面简称傲驰）一直主张"好的产品、好的广告、好的使用体验"。在制作广告时不夸张，也不过分低调，好产品要让更多的人看到，被更多的人传播。只有秉持这样的原则，才能让广告最大限度地助力产品销售。

1.4 商业广告是怎样炼成的

一条商业广告诞生的完整流程主要包括策略分析、创意策划、执行方案、前期筹备、拍摄、后期制作和投放等。其中，执行方案的形成需要经过策略分析和创意策划两个步骤。执行方案调整、前期筹备、拍摄和后期制作均属于广告制作阶段。也可以将整个广告流程概括为策略分析、创意策划、制作和投放四大阶段。

工作流程

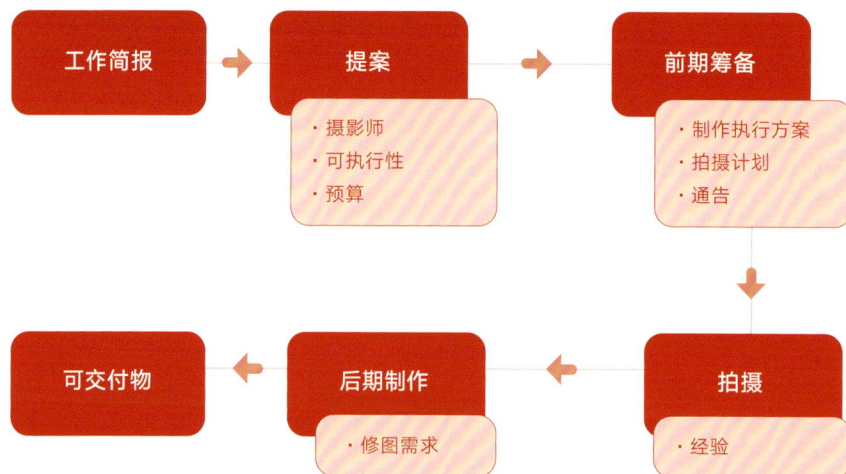

1. 策略分析

策略分析，即确定广告策略，也就是在广告信息传播过程中为实现广告战略目标所采取的对策和应用的方法与手段。广告策略必须围绕广告目标和广告效果来制定，因商品、因人、因时、因地而异，还要符合消费心理。一般由广告主与广告公司共同完成。

2. 创意策划

在确定了广告策略后，就要进行具体的创意策划了，创意是对广告策略的表达。简单来说，广告创意就是通过大胆新奇的手法来制造与众不同的视听效果，最大限度地吸引消费者，从而达到品牌传播与产品营销的目的。

创意策划通常由广告主与广告公司共同完成，现在有些广告制作公司也越来越多地参与到广告的创意策划阶段，并提出可执行性创意方案。

3. 制作

制作阶段的工作主要包括制定制作方案、前期筹备、拍摄和后期制作，一般是由广告制作公司完成的。制作执行时间一般为 1~2 个月。随着市场环境的不断变化，产品的更迭周期变短，信息流不断交汇，制作执行时间也在不断缩减。制作阶段的难度在于对广告制作的时间、预算和质量方面的把控，在有限的时间和条件下做出最好的广告对广告制作公司来说是一个不小的挑战。

4. 投放

广告制作完成后，需要选择合适的媒介进行投放。要使广告投放的收益最佳，就要注意选择科学的媒介投放组合方案，并选择合适的投放频率、投放时段，以使广告最大范围地触达有效受众。

经过以上 4 个阶段，一条商业广告就可以呈现在人们眼前了。其中，策略分析与创意策划更多是由广告主与广告代理公司共同完成的；广告投放主要与媒介公司有关。本书的内容主要聚焦于从"制作方案"到"后期制作"的广告制作执行部分。

第 **2** 章

广告创意与
广告制作的关系

在广告的诞生过程中，创意策划是连接广告策略和广告制作的纽带，也是广告策略的具体表达，同时也指引着广告制作的方向。

创意策划虽是一个独立的阶段，但事实上创意和制作是分不开的。没有创意为依托的制作缺乏意义，没有制作支持的创意无法落地，在创意之初就应该将制作考虑在内。本章我们将从制作的角度来探讨什么是好的广告创意，以及制作执行时如何参与前期创意。

2.1 什么是好的广告创意

　　什么是好创意，众说纷纭。简单总结一下，
好创意就是能为客户服务，能达到对品牌、服务
和产品宣传要求的创意。从需求方角度来说，好
创意要满足品牌传播策略的需求；从制作方角度
来说，好创意要可落地、可执行。

2.1.1 满足品牌的传播策略需求

商业广告都是为广告主服务的，每个广告都有明确的宣传需求，如对品牌、产品功能和服务的宣传等。只要能用吸引人的、能让人记住的和联想的方式宣传出去，甚至口口相传，达到品牌传播策略的要求的创意就是好的广告创意。

从这个角度来说，好创意的核心就是要有记忆点。有记忆点，说明吸引人，能让人记住和传播。以平面广告为例，BMW THE 3 的产品广告就是一个好创意的广告。广告的大致内容是将一辆具有运动属性的豪华轿车开进沙漠，形成巨大的视觉反差。

2.1.2 既出人意料又可落地执行

创意和执行是密不可分的，一个是想法，一个是实现想法。创意是依托于执行的，如果无法落地执行，那么想法就没有实际意义。因此，广告创意既要出人意料，又要可落地执行，这样的创意才是好创意。

很多经典的广告创意很出色，但执行不一定复杂。傲驰制作的 BMW THE X5M 和 BMW THE X6M 的广告就是在专业的摄影棚内拍摄的，通过黑棚本身的结构特点，加上导演对于光影变化的理解，进而呈现出产品的设计感与强悍性能。

黑棚 ————————

黑棚空间大，适合置景。由于整体环境为黑色，减少了影棚内部的光影反射，能更精确地控制打向车身的光线的光影效果。

当然，除了以故事或情绪吸引人，也有很多优秀的广告是拼执行和效果的。这也与广告的发展趋势有关，随着电脑成像技术（Computer Generated Imagery，CGI）的发展，无论视频广告还是平面广告，越来越多的广告想要从视觉方面给受众带来更多的惊喜和更震撼的效果。

好的创意是能戳中受众痛点的，也能点燃制作人的激情。一般遇到这种创意，即使执行难度很大，仍然会让人兴奋不已。为了成片效果，整个制作团队都会觉得再多的付出和努力也是值得的。

2.2　制作执行如何参与前期创意

　　制作执行参与前期创意是行业发展的趋势，也是产出好广告的需要。但是，制作公司如何参与前期创意，目前行业内还没有成熟的模式可借鉴。傲驰结合多年的行业经验认为可以从建立可执行性创意流程和建立创意素材库两方面入手。

2.2.1 建立可执行性创意流程

　　所谓的可执行性创意流程，是根据市场需求而产生的。广告制作公司要在与客户的合作过程中逐渐建立起可执行性的创意流程。下面介绍傲驰提出建立可执行性创意流程的缘由和傲驰的可执行性创意流程的具体内容。

1. 建立可执行性创意流程的缘由

建立可执行性创意流程是行业发展的需要，也是傲驰自身经验和资源积累的结果。

以前，传统的广告制作流程一般是广告主制定创意策略、确定品牌调性，广告公司去发展创意策略、输出创意，之后再引入广告制作公司去执行落地。这样广告公司和广告主受自身经验所限，在前期只能评判创意的表现力是否足够好，但无法判断是否可以执行。当广告制作公司介入时，可能会发现有些创意无法落地，从而影响最终效果和制作周期。

但现在，广告行业发展非常迅速，预算和时间都越来越少。为了高效合作，很多广告主从创意阶段开始就将广告制作公司放到与广告代理公司同等的地位，让广告制作团队从前期就参与进来。三方不再是传统的线性流程的合作形式，而是在第一时间就都可以参与沟通和讨论。广告公司提出创意方面的想法，制作方参与其中提出执行方案和场景建议等。因此，广告制作公司建立一套自己的可执行性创意流程是大势所趋。

傲驰经过十余年的发展，将自身资源进行整合，形成了以制作为基础的"In-house 制作资源平台"（In-house 指所有的制作资源均为内部所有），配备专业能力强、制作经验丰富、配合默契的执行团队，同时也拥有大批有广告代理公司工作经验的人才。基于这些条件，在广告的制作过程中逐渐将创意和执行结合起来。

广告制作是一个经验型的行业,经验丰富的广告制作公司可以将演员、模特、场景资源、美术资源和道具资源等协调管理得很到位。在接到广告制作项目时,就可以很顺利地将相应的资源整合起来,快速形成清晰的执行方案。

另外,对于成熟且具有一定规模的广告制作公司,大多数广告主都会与其长期合作,彼此之间非常熟悉。而事实上,越是大型的企业,其品牌定位越清晰、稳定,产品功能的迭代也有逻辑。当服务一个品牌超过 3 年后,会非常熟悉品牌方的需求,与品牌方达成较高的默契。

2. 傲驰的可执行性创意流程

"MOTO MADE"是傲驰结合多年的制作经验推出的一项服务，可以在执行层面解决无创意设计方案的问题。当广告主或广告代理公司无法给出可视化的创意设计方案时，傲驰的制作团队在与广告主或广告代理公司确认需求后，会采取无创意设计方案的实景拍摄＋后期视觉重塑的方式，再与广告主和广告代理公司反复验证，以确认达到各方期许的理想效果，这样能够在一定程度上解决时间短、预算少的问题。

在传统的广告公司，创意设计方案是用素材来拼贴出来或手绘出来的，但这种方式无法完全展示执行结果；广告主无法判断最终的视觉效果是否可行，往往也无法在前期提出有效的调整建议，所以会耗费大量的资金与时间成本。但傲驰的"MOTO MADE"采用实景拍摄的形式，可以最大程度地让客户预览最终的呈现效果，因为足够真实，所以得到的反馈意见也更加精准，这样更便于后期进一步地执行。

GLE SUV

"MOTO MADE"具体来说就是广告主或广告代理公司提出了创意和想法后，傲驰的制作团队会先预拍一部分让客户看看效果。如果成片需要 100 张，那么就先预拍 10 ~ 20 张。而傲驰内部要求这 10 ~ 20 张必须有 60%~70% 能够得到客户的认可。

　　预拍完成后，可以得到广告主或广告代理公司更具体的反馈意见，才会更加清楚怎么去调整下一步的拍摄方案，为后续更多的执行工作校准方向。要做到 60%~70% 的预拍内容被广告主或广告代理公司认可，不仅需要有自己的摄影师和后期等制作资源，还需要更加深入地去理解广告主或广告代理公司的需求，包括对产品的分析、用户的分析、传播渠道的分析等。当然，这个过程也是验证对广告主或广告代理公司需求理解是否正确的过程。

2.2.2 建立创意素材库

在广告制作的执行过程中，建立并不断积累创意素材库也是广告制作公司参与前期创意的另一种方式。这里所说的创意素材库主要是指场景库。

利用创意素材库，我们可以根据需求进行产品和场景的结合，能够更快地将创意和想法可视化。素材积累得越多、越丰富，将创意和想法可视化的过程就越容易。以制作某一款汽车的广告为例，根据已知车型，通过在创意素材库的场景库中寻找对应的场景素材并结合多年来的经验和对广告策略的理解，即可精准定位这款车所匹配的场景，甚至确认所选场景应该如何与车结合，最终快速形成可执行性创意方案。

创意素材库通常由创意团队来建立。当然，素材库的建立这项工作除了要安排具体的人去做，还需要长时间积累。傲驰得益于多年的广告制作经验，承接了大量的广告制作项目，这些项目都需要进行大量的勘景，去寻找合适的创意和可获取的场景素材。在勘景或拍摄的过程中，就会留意积累场景、天空等各种各样的素材图。

2.2.3 可执行性创意流程应用案例

下面以"BMW THE 3 主视觉与美图"的拍摄项目为例，具体讲解如何提出可执行性创意。该项目是傲驰于 2019 年完成并交付的，获得了行业内非常有含金量的奖项——金投赏摄影制作组金奖。作为广告制作公司，傲驰结合多年的执行经验和对客户需求的了解，深度参与了这个项目的创意环节，与创意团队一起制定了既符合推广主题又实际可行的执行方案，最终实现的效果也得到了广告主和行业的高度认可。

1. 项目背景

所有的商业广告都是在一些行业准则下制作完成的，而傲驰则坚持"Deliver on time，on quality，on budget"的理念，可以理解为"一切广告制作的交付都要严格控制时间、质量及预算"。BMW THE 3 这个项目最具挑战的是制作周期非常短（只有一个月的时间）。在这种情况下，执行和创意的结合就非常关键。因为在项目要求的时间内完成不了，再好的创意也是没有意义的。

在这样的时间限定下，作为制作方的傲驰与创意团队一起制定了既符合推广主题又可落地的可执行性创意方案，实现了"Deliver on time，on quality，on budget"的理念并保证了拍摄效果。

2. 符合客户需求的色彩风格

BMW THE 3 是宝马"悦享驾趣"精神的代表车型，此次拍摄除了经典的宝蓝色车外，还增加了全新推出的金色车。BMW THE 3 作为宝马的经典车型，一出场就惊艳四座，而此次推广的关键词正是"震撼与豪华"。那么如何通过视觉来体现"震撼"就成了创意的关键。

与客户的长期合作，使我们互相之间更为了解，客户一直以来都有很明确的光影要求和色彩要求。而丰富的制作经验也让我们非常清楚如何利用色彩搭配去突出车型，并最终呈现震撼人心的视觉效果。

配合车型本身的撞色组合，我们提出了在画面中使用饱和度很高的蓝色与橙色搭配，这样不仅可以突出金色车和蓝色车本身就令人惊艳的色彩，还能在整体视觉上给观者以强烈的视觉冲击力。

3. 创意落地的可执行拍摄方案

客户期待用具有透明感的物体来体现质感。为了得到理想的光影效果和色彩效果，广告代理公司和我们制作方最终决定用大型装置来实现拍摄。

而这个装置，对于执行来说其实是一个很大的挑战。在各种限定条件下，广告代理公司如果不与制作公司紧密沟通，对执行团队不是特别了解，是不会轻易提出这样的创意方案的。傲驰作为制作公司，有丰富的制作经验，同时基于前期与广告代理公司的长期紧密合作，对客户及其品牌已经有了深入的了解，所以才能承接这种既为客户所接受，又能完美实现创意方案的拍摄方案。

在实际执行的过程中，装置所需的橙色和蓝色亚克力板，调动了多个供应商在两三天内从各地调货并及时运到拍摄地。可见，必须具备足够的制作经验和信心，才能参与这样的创意并给予可执行性的建议。

此外，全新 BMW THE 3 在细节设计中融入了独一无二的六边形设计语言，为了将这一设计语言呈现在广告中，经验丰富的美术小组提出了运用简洁的几何元素装置来作为画面的一部分。于是选择在空旷的场景搭建巨大的几何装置，利用物理体积上的对比和几何装置本身的线条感，使拍摄的画面张力十足。

搭建这个 5 米高的几何装置也是执行团队面临的一个大问题，装置要能抗住无人区的大风和沙尘暴。这就需要丰富的制作人员来预估最终效果、所需时间、协调供应商等，以保证项目如期完成并达到预期的效果。

在实际执行中，因为所选的场景是沙漠，路途中有很多沙地，很容易陷车，并且没有手机信号，所以需要非常有经验的施工团队进行置景。为了规避行路的困难，节省往返市区的时间，摄制团队在拍摄场地搭起帐篷，日夜连续赶工，在短时间内搭建出了让广告主和广告代理公司都满意的场景。

虽然还有很多细节方面的问题没有预料到，但因为有其他沙漠场景的拍摄经验，对可能遇到的问题已做好了相应的应对解决方案。基于此，才能给执行人员一些及时有效的资源支持，在现场处理问题时才会淡定自若。

4. 利用创意素材库快速确认场景

为了达到良好的拍摄效果，同时又能满足简洁、令人震撼的场景需求，拍摄团队远赴甘肃敦煌，在沙漠的无人区找到了一片"秘境"，并在那里搭建了巨大的彩色装置。

能快速确认这一场景，得益于傲驰建立的创意素材库。根据广告创意方向，在素材库里迅速锁定两个场景：一个是在北京，偏城市取向的风格；另一个是在沙漠，利用视觉对冲形成巨大的反差效果，因为越荒芜的地方，所用的亚克力装置越显得豪华，最终的完成效果也证明了我们的选择是正确的。

第 **3** 章

好提案能帮助
客户做正确的决定

3.1 成功提案从读懂客户的简报开始

广告行业经常提到"Brief"这个词，通常出现的语境就是"某某客户下 Brief 啦"或者"根据 Brief，我们要……"等。有些刚入行的新手听到这个词可能会有点发蒙，那 Brief 是什么呢？

3.1.1 简报是什么

Brief 的中文翻译就是简报。在广告制作环节中会有不同的分工，常见的简报有以下几类。

创意简报（Creative Brief）： 由广告公司的创意部门制作，下达给制作部门或广告制作公司。

制作简报（Production Brief）： 由广告主制作，下达给广告公司或广告制作公司。

拍摄简报（Shooting Brief）： 由广告公司的制作部门或广告制作公司制作，下达给摄影部门。

后期修图简报（Retouching Brief）： 由广告公司的制作部门制作，下达给后期部门。

不论何种简报，当接到正式的简报时，就意味着项目开始了。清晰的简报＋认真的解读＋严谨专业的执行，才会产出符合客户需求的广告作品。注意，任何时候都不能在不清楚需求的情况下开工，必须充分理解简报并提炼出关键信息。

对于一个拥有完整制作团队的公司来说，创意简报和制作简报是项目的开始，而拍摄简报和后期修图简报则更偏重在执行阶段由制作部门细化后下达的说明和要求。下面具体讲解创意简报和制作简报。

1. 创意简报

在一般情况下，作为一家广告制作公司，接到的都是来自广告公司或广告代理公司的简报。

在传统的流程中，广告公司或广告代理公司在接到广告主下达的广告创意需求后，会先根据广告主提供的各种策略资料进行延展，策划并整理出具有可执行性的创意方案，并与广告主确认。当广告主确认方案后，广告公司或广告代理公司将根据创意方案提出具体的执行要求，也就是创意简报。

对于广告制作公司来说，创意简报通常包含很详细的创意美术要求，包括拍摄主题、拍摄内容、美术风格、场景参考、演员造型、摄影师风格、调性、灯光和物料数量、时间安排等。广告制作公司按照这个简报去提供进一步的执行计划。

2. 制作简报

随着市场环境的不断变化，广告主对于物料的需求数量和制作周期的要求都更加严格了，因此很多项目无法按照传统模式来进行，而制作公司依赖丰富的执行经验也越来越多地对前期创意提出建设性的意见，这使得制作公司有更多的机会直接参与创意工作，甚至直接接到广告主下达的制作简报。

与广告公司或广告代理公司下达的创意简报不同，广告主下达的制作简报里通常不会有太多细化的视觉要求，一般只包含与市场策略相关的内容，如品牌精神、产品的市场定位、目标人群画像和推广策略等。

广告主虽没有提出具体的视觉要求，但会很明确地提出想要通过广告传播的信息，如希望展现出产品精致奢华的设计理念、令人震撼的动感、舒适的驾驶体验等。而广告制作公司则要通过广告主提供的制作简报去提炼关键信息，延展出视觉化的创意，提出相应的执行计划，完成从策略到最后落地执行的全套创意执行方案。

这种新工作模式的优势是由制作方直接进行创意策划，提高了创意的可执行度，也会最大限度地提升后续的执行效率。制作方积累了多年的制作经验，可以清楚地知道哪些想法是可执行的，哪些执行起来难度较大，以及最终的效果是怎样的。在后续执行阶段，由于制作方前期深度参与了创意策划，所以更了解广告主对细节的需求，能更加准确地满足这些需求，也能将沟通中可能产生的误解与偏差降到最少，最大限度地提高工作效率。

3.1.2 如何解读不同类型的简报

　　针对来自广告公司或广告代理公司和广告主提供的两种简报，我们要能够深入解读，以细化出可供后续执行的方案。

　　下面对两种简报所包含的常规内容进行解读。在解读简报时，我们需要多提出问题，也就是下面所列出的解读点信息，明确这些解读点信息将有助于后续规划具体的执行方案。

解读创意简报

简报内容	拍摄内容	调性参考	场景要求	人物 / 元素 / 道具 / 动物要求	物料清单
解读点	产品角度 画面元素 制作方式（棚拍、外拍、合成、CGI）	风格调性 光影调性 色彩搭配 人物情绪 产品材质调性	场景类别：城市、森林、田野等 场景细节要求：设计感强的城市建筑、高大茂密的针叶林等 情境建议：商场前、许愿树下、布置很喜庆的四合院等 特殊场景需求：中国北方、欧洲、具体某个国家的代表建筑等	人物数量 人物年龄、性别 人物角色分配 情境所需元素，如装置、艺术品等 情境所需道具，如灯笼等 故事所需动物	主视觉数量 美图数量 公关媒体图片数量 完整视频（时长）数量 短版本视频（时长）数量
细化与执行	角度测试 素材租图或广告公司提供	符合风格的摄影师 光影执行建议	符合场景 / 情境要求且可执行的拍摄场地	模特推荐 拍摄方式，单独拍摄还是与产品一起拍摄	制片部门将根据质量级别要求及数量核定具体的预算及时间

解读制作简报

简报内容	项目背景	产品定位	产品亮点	传播关键词	目标人群画像	计划使用渠道
解读点	时间 目的	产品在品牌矩阵中的定位 产品在市场上的定位 竞品情况和核心竞争力	设计亮点 功能亮点 其他可用于创意的故事	豪华、美学设计、动感等	人群年龄、性别、职业、收入情况、兴趣爱好、生活方式、获取信息的渠道	主视觉 美图 公关 / 媒体用图
细化与执行	制作时间表	定位分析 竞品广告调查	如何用视觉表现设计亮点 如何用视觉 / 故事 / 情境表现功能亮点 如何表现背后的其他亮点故事，如特别设计师、限量版等	对关键词进行延展，列出与各个关键词相关的更多词汇	基于目标人群画像，通过色彩、结构、构图等几方面去生成能够引起共鸣的画面和内容	故事、场景、视角、光影、调性等

通过对比两类简报可以发现，创意简报最后产出的是制作简报，而制作简报之后便是更加细分给各个部门的简报，如拍摄简报和后期修图简报。

在新的广告时代，对于制作团队提出了更高的要求，从单纯实现创意简报，到在执行经验基础上自己产出创意简报，要求制作团队也要具备创意思维，甚至是品牌策略思维。正所谓不进则退，从业者只有将自己成熟且擅长的技能发挥到极致，同时又能不断学习、掌握新的技能，才能在这个不断变化的创新时代生存下去。

3.2 这样的执行计划最能打动客户

广告执行计划一般用 PowerPoint 或 Keynote 制作成演示文稿的形式呈现，即通常我们所说的 Deck。广告执行计划是广告制作活动的纲领性文件，要将广告制作活动的所有内容详细地罗列出来。对于广告制作公司来说，广告执行计划是开展广告制作的依据；对客户来说，广告执行计划则是一个可行性方案。在拍摄之前，要探讨、协商所有的细节，双方形成一个较为清晰的视觉画面，为之后进行的拍摄打下坚实的基础。那么广告执行计划一般都包括什么内容，怎样的执行计划最能打动客户、让客户觉得可行呢？

3.2.1 执行计划所包含的内容

常规的执行计划一般包括创意回顾、调性参考、场景参考、演员 / 模特参考和服装参考等内容。

1. 创意回顾

创意回顾的主要内容来自广告主或广告公司的简报，此外还要将简报中的广告创意关键点提炼出来。在讲解执行计划书时，要说明自己的理解并与客户确认，后续的调性、场景、演员 / 模特和服装等都要与创意关键点有关。

2. 调性参考

　　调性参考是根据简报里面的关键词寻找一些相关的、能够表达关键词含义的画面素材。调性参考包含很多部分，如光影参考、画面透视结构参考、配色参考、人物情绪参考等。让客户根据已经确认的创意选择喜欢某一种调性的画面，在后续执行时就可以遵循已经确认的画面调性来展开了。调性参考实质上是将创意关键词视觉化，让客户直接根据画面选择自己喜欢的风格，是校准对关键词理解、体会并确认客户喜好的过程。

3. 场景、演员／模特和服装参考

　　场景、演员／模特和服装参考与调性参考类似。作为广告制作公司，要考虑创意的可执行性，即所有的参考都是出现于物理空间中或可通过技术实现的且能满足广告制作要求的。同时，也要提供多个不同的参考方案给客户选择。

通常，简报中会包含一些具体的关键词或比较明确的画面参考。例如，傲驰在 2020 年 5 月制作 Tiguan X 的广告项目时，简报就明确要求模特要都是都市精英，年龄设定是 30 岁左右，服饰要前卫、新潮、有型，这就是一个需求非常明确的简报，制作公司只需要根据需求进行提报即可。总的来说，在制作具体的执行方案时，每一条都要紧扣简报的要求。

3.2.2 客户最喜欢的执行计划

执行计划不能只表达自己的观点、计划和安排，而是在与客户充分沟通后编写出来的。因此，在编写执行计划时，要站在客户的角度去思考问题。

傲驰认为好的执行计划是必须能够帮助客户解决问题的。因此，在编写执行计划前，要先思考客户的需求是什么，拆分到每一部分需要解决的问题是什么。只有这样，整个执行计划才是有机联系的整体，而不是互相独立的。

在具体的项目中，我们要思考客户最重要的需求是什么，是效果、周期还是预算，以及执行计划中围绕某一重大问题是否给出了解决方案。思考清楚这些问题后，再开始编写广告执行计划的具体内容。当然，不同项目的具体情况不同，需要思考的问题也不一样，这也是考验制片是否具有发现问题并提出问题的能力。

3.3 如何找到最合适的摄影师

摄影师是平面广告制作的灵魂，找到合适的摄影师对最终的画面效果呈现具有决定性作用。因此，提报合适的摄影师也是制作执行计划阶段非常重要的内容。

在开始寻找或选择摄影师前，我们首先要明确什么样的摄影师最合适。傲驰认为合适的摄影师要符合两点：一是要符合客户简报所要求拍摄的内容和风格，二是摄影师要有丰富的拍摄经验且向其支付的费用要在预算范围内。

在确定摄影师人选的过程中，傲驰的摄影师资源库为制片提供了极大便利。傲驰有多年的广告制作经验，合作过大量的优秀摄影师。将这些摄影师资源积累下来，根据他们的作品风格、拍摄门类等信息分类归档，最终建立起了完备的摄影师资源库，并做到随时更新。

　　此外，在傲驰强大的制作资源平台上吸纳了众多国内的摄影师。其中，既有传统的执行型摄影师，又有符合市场需求的"NEW ORCHARD"摄影师。执行型摄影师偏向于传统广告制作，即根据广告公司的简报完成拍摄。而"NEW ORCHARD"摄影师则擅长以年轻独特的视角和新锐的视觉语言去诠释产品、传递品牌理念。"NEW ORCHARD"摄影师的视角富有创意、生动鲜活，贴近当下午轻的主力消费群体的表达习惯，更能激发日标群体的共鸣，引发话题性传播。他们擅长多种门类的视觉表达，包括汽车、静物、美食、旅行、生活方式等门类，覆盖品牌传播多维度的物料拍摄需求，也适合新社交传播时代矩阵式、全维度的传播需求。因此，当傲驰的制片接到项日后，可以非常快捷地根据项目需求在资源库中找到风格、内容、品牌经验相符的摄影师，给客户多种选择。

3.4 资源库：让创意真正落地的关键

　　执行只是过程，没有基础和各种资源，执行是很难推进的。丰富、完备的制作资源库是让创意快速落地的基础，制作资源库一般包括导演、摄影师、场景等各种执行中需要的资源。傲驰会将各项资源和资料分门别类地管理并定期维护，以便在有了创意后能够顺利地完成制作。

1. 导演和摄影师资源

在完备的制作资源库中，要有导演和摄影师，既要有成熟的经验型导演及商业摄影师，也要有新锐的创意型导演和摄影师。

2. 场景资源

傲驰拥有专业的勘景团队，发掘并积累了大量新奇、壮丽的场景，丰富的场景资源可以满足多种广告风格的需要。建立场景资源库的优势在于可以快速匹配制作资源，当接到一个制作项目时，可以高效且专业地组织各种资源，降低制作成本和缩短制作周期。如果没有这些资源，制作执行中就可能会碰到很多的临时困难，耗费更多成本，拉长制作周期，有时甚至无法出片。对于客户的成本和制作时间来说，风险都很大，所以广告制作公司必须建立自己的场景资源库。

场景资源库建立以后要做好维护，及时更新。如果不定期维护和更新，资源信息就会失去时效性，在使用时会造成资源匹配困难，加大制作成本与拉长制作周期，也就不能很好地完成客户的要求。具体的更新频率根据不同公司、不同资源种类而定。傲驰有明确的制度和流程，要求制作资源团队对场景资源库进行定期的更新维护，并定期汇报场景资源的信息变化。

3. 场景资源库的建立与维护

　　场景是制作广告的重要元素，是制作资源库中最重要的一部分。建立场景资源库对于提出创意和完成制作来说，会节省大量的时间。

　　场景资源库的建立非常重要，需要定期组织专为建立场景库的勘景工作，一般来说是每半年一次。按照傲驰的工作要求，北京、上海和广州相应的工作人员要将所负责区域及附近拍摄过的场景整合起来，按规定分类保存。同时，对暂时没拍摄过的场地，也要安排时间去逐一勘景，了解相关信息，并拍摄保存起来备用。以后需要场地提报时，便可以直接在场景库里寻找场景。这样既有图片，又了解场地的具体价格等信息，可以节约很多时间。

　　当然，场景资源库并不能完全满足客户的需求，尤其是一些大型项目还需要根据客户的需要专门寻找特定的场景。在寻找场景的过程中，要将新拍摄的场地素材图补充到场景资源库中。

3.5 让客户看懂你的报价单

　　报价看似简单，但却是很容易出问题的环节。有的报价单写得很丰富、很详细，但客户看不懂。报价单是根据拍摄计划制作出来的，在拍摄计划中，会详细说明拍摄的天数、拍摄地点、摄影师的选定、是否有模特、是否需要置景和道具等。制片根据拍摄计划中所涉及的各项支出预估出相应的费用。一般来说，为了让报价单清晰易读，可以分类、分项罗列清楚具体的报价内容。下表展示的是傲驰常用的报价单，供读者参考。

MOTO 傲驰 PRODUCTION		Job Title 项目名称			
		Client 客户			
		Agency 代理公司			
A	Creative Fee 创意费	Unit Rate 单价	Quantity 数量	Days 天数	Total 总计
B	Photographer Assistants 摄影助理	Unit Rate 单价	Quantity 数量	Days 天数	Total 总计
C	Equipment Rental 器材租赁	Unit Rate 单价	Quantity 数量	Days 天数	Total 总计
D	Prep Production 制作前期筹备	Unit Rate 单价	Quantity 数量	Days 天数	Total 总计
E	Production Crew 制作人员费用	Unit Rate 单价	Quantity 数量	Days 天数	Total 总计
F	Studio / Location 影棚 / 场地	Unit Rate 单价	Quantity 数量	Days 天数	Total 总计
G	Production Transportation 制作交通	Unit Rate 单价	Quantity 数量	Days 天数	Total 总计
H	Catering 餐饮费	Unit Rate 单价	Quantity 数量	Days 天数	Total 总计
I	Miscellaneous 杂项	Unit Rate 单价	Quantity 数量	Days 天数	Total 总计
J	Wardrobe / Props / Animal 服装 / 道具 / 动物	Unit Rate 单价	Quantity 数量	Days 天数	Total 总计
K	Models 模特	Unit Rate 单价	Quantity 数量	Days 天数	Total 总计
L	Travel 差旅	Unit Rate 单价	Quantity 数量	Days 天数	Total 总计
M	Retouch and Digital Processing 修图和数码处理	Unit Rate 单价	Quantity 数量		Total 总计
N	Tax & Insurance 税 & 保险	Unit Rate 单价	Quantity 数量		Total 总计

第 **4** 章

事无巨细且
井井有条的
前期筹备

4.1 团队协作至关重要

　　广告制作需要多方面的专业人员共同合作完成，任何一个环节出问题都会影响最终效果。因此，组建一个优势互补、协同高效的广告制作团队，是项目顺利推进的基础保障。

4.1.1 团队人员构成

　　下面以平面广告为例，来看一个相对完整的平面广告制作团队通常包含的主要岗位及各自的职责（暂不讨论视频广告）。

1. 制片

　　制片在团队中承担着项目管理者的角色，负责整个拍摄项目的前期准备、拍摄执行和后期收尾工作。制片的工作主要包含需求管理、制作管理和保证合规三大方面。

　　在需求管理方面，制片与客户深入沟通，明确具体需求，并制定相应的拍摄方案，同时负责项目相关文档的制作。在制作管理方面，制片负责拍摄前期的各项准备工作，确保拍摄顺利进行并提供现场服务与协调，把控拍摄节奏。在合规方面，制片负责收集、整理项目相关的票据，与第三方对账，确保费用清晰、准确，还要及时跟进项目款项的支出和收取工作。

2. 制片助理

　　制片助理在广告制作团队中的角色价值不可小觑。在拍摄前期，制片助理会全面辅助制片一起完成前期各项筹备工作。包括与制片沟通、理解拍摄需求，收集整理制作所需的场景、模特、服装、道具等资源信息，并协助制片进行确认，还要负责联系和跟进确认拍摄人员的交通住宿安排等。在拍摄过程中，制片助理最核心的工作职责是提醒和把控拍摄进度。根据制片提供的时间表，制片助理需要随时提醒进展状态。此外，还要协调时间安排，如服装、化妆、道具的准备时间等。当然，制片助理也需要承担一些实际的服务工作，比如餐饮保障和保洁等。

　　通过上述工作，制片助理对制片提供了非常关键的协作支持，使制片可以更加专注地负责拍摄方案、艺术指导、进度控制等关键工作。可以说，制片助理是拍摄团队不可或缺的重要组成部分。

3. 摄影师

　　作为项目的核心创作者，摄影师需要按照时间表完成拍摄任务，同时发挥创作能力，拍摄出达到客户创意要求的作品。

　　摄影师需要熟练运用拍摄器材，并能够清晰地向助理或灯光组表达所需的光影效果。另外，摄影师还需要调动模特和演员的情绪，使其表情丰富，避免拍出的画面死板。此外，摄影师要有自己的创作想法和风格，在拍摄前与客户和制片进行充分沟通，拍摄后也要主动反馈创意理念。

4. 摄影助理

摄影助理主要负责辅助摄影师完成拍摄工作，具体包括以下内容。

在拍摄前，摄影助理协助摄影师完成勘景和拍摄角度测试工作。出发前，按照摄影师的要求准备好所需的器材，如三脚架、闪光灯、布料等，并确认设备都能正常使用。在拍摄过程中，摄影助理配合摄影师操作，帮助摆放设备，调整拍摄元素的角度，架设和调试相机。拍摄过程中要确保器材正确使用，提醒其他人员注意电源线，必要时扶住设备。

5. 后期团队

后期团队在修图阶段发挥着至关重要的作用。拍摄结束后，制片会把照片素材提交给后期团队，他们会在限定时间内根据客户需求完成修图。后期团队承担着视觉效果重塑的重任，因为有的照片需要"三分拍，七分修"。

客户通常会提出明确的修图要求，如体现车辆质感、表现零部件细节，或将蓝色调为红色、扩大画面范围等。后期团队需要根据这些需求进行图像处理与调整。

以上是平面广告制作团队的完整岗位构成，从前期的制片、制片助理，到拍摄阶段的摄影师、摄影助理，以及后期的修图团队。各岗位分工明确，且具有关联性。因此，我们不仅要注意团队的完整性，还要注重团队的配合程度与专业水平。

4.1.2 如何打造优秀的团队

一个优秀的团队应具备分工明确、沟通顺畅、信息共享、相互尊重和高度配合等特征。这样的团队不仅能提高工作效率，也能让每位成员在工作中获得成长。而差的团队则表现为配合度低，每个人只关注自己的工作范围，不积极沟通，导致项目推进缓慢，客户不满意，对品牌形象和口碑产生负面影响。

构建一个优秀的团队，关键在于领导者和团队成员共同努力。领导者要合理分配任务，关心团队需要；团队成员则要主动沟通理解，默契配合。只有建立起良好的人际关系，才能发挥团队最大的效能。团队协作是一个不断学习和进步的过程，需要长期培育。但只要大家不断努力，就一定能取得进步，更出色地完成项目。

4.2 没档期，那是你没有安排好

在平面广告制作过程中，可能出现档期问题的主要角色有以下两类。

摄影师： 摄影师可以说是整个广告制作的灵魂，但优秀的摄影师资源比较难获取。

模特或演员： 如果画面中需要出现人物，还需考虑模特或演员的档期问题。模特更侧重诠释艺术美感，演员则需要具备丰富的演技，按照摄影师要求表现出细腻的情绪。

协调各方的档期是前期筹备的重点工作之一。场景、天气等因素都可以通过某些手段来控制，但人的因素是最不确定的。比如对于已确定的场景，如果不需要支付使用费，只要天气良好就可以拍摄；如果需要支付费用，签订使用协议后即可获得授权来使用。

所以，变数最大的在人，主要的档期问题集中在摄影师资源上，模特和演员比较易重新寻找。

4.2.1 档期问题要考虑在前

一般情况下，傲驰在提案时已经有非常详细的拍摄计划了，可以预知谁有档期、谁没有档期。我们会结合客户的时间表，详细落实各方面的情况。例如，客户有个新产品预计要在双十一之前上市，那么这个项目肯定是在 10 月底或 11 月初就要完成交付。针对这个项目，要提前了解清楚各种因素，如果外拍的话哪天可以拍，然后再去选择相关的人员。

同时，在提案时也要给客户提供多个摄影师、模特或演员人选。比如摄影师这个角色，我们去做摄影师提案时，会给客户多位符合要求的摄影师备选。如果某个摄影师没有档期，会提前告知客户："如果在这个时间段拍摄的话，这个摄影师可能没有档期。我们的备选方案是 ……"

当客户确定了人选以后，就要与相关人员签订协议约定其哪天需要参加一个什么样的拍摄活动。一般来说，提前约档期并签协议的话，约束性更强，履约更有保证。

4.2.2 档期问题如何解决

提前规划可以帮助我们规避大部分档期问题。但影响档期的因素比较复杂，档期冲突仍可能发生。如果真的遇到档期冲突、无法协调的情况，我们考虑两种解决方案。一是会考虑换摄影师，以确保项目按期完成（这通常是客户和项目组最看重的）。查找备选摄影师，询问客户是否能接受该摄影师的作品风格。如果客户认可，就改用备选摄影师。当然，如果是客户指定的摄影师，我们要提前判断客户对更换摄影师的态度。二是等待原定摄影师，一般这种情况都是客户坚持要求的，或是在国际上比较知名的摄影师。

无论哪种方案，都需要发挥制片的沟通能力。遇到档期冲突时，制片要准备好充分的理由和信息，预测客户的顾虑，以争取理解和认同。

4.2.3 应对档期问题，功夫在日常

要很好地应对档期问题，不仅需要培养沟通技巧，还要积累足够的人才资源，包括摄影师、模特、演员等，这里重点讲解摄影师资源。

合格的制片要建立广泛的摄影师资源库。因为不同的摄影师都有自己的拍摄方向，制片要分类整理摄影师资源，对每类风格留存少量摄影师的联系方式和作品集，充分了解摄影师的工作安排和未来计划。

另外，还要经常联系资源库中记录的摄影师，不要只在用人时联络。制片需要维护资源，理想状态是与摄影师成为朋友，定期询问他们的工作动向等。

当然，以上主要针对外聘摄影师。傲驰培养了大批内部摄影师，他们的工作计划可提前掌握，更便于协调档期，且技术和风格也比较符合需求。

4.3 勘景没那么简单

外景拍摄必须进行预先勘景，而棚内拍摄则只需要摄影师提前熟悉环境。部分公共场景，如山川沙漠等可以免费使用；但许多特殊场所，如博物馆、音乐厅、咖啡店、高档写字楼和园区等会收费。场景选择要根据客户的需求来定。了解场景的收费情况也很重要，因为会影响成本。勘景不仅是谈钱，更是拍摄前期一项重要的准备工作。

4.3.1 勘景的总体流程

勘景工作的要求非常细致，具体流程如下。

1. 第一轮勘景

首先根据客户需求进行第一轮勘景。这主要依靠现有资源，如之前拍摄过的或场景库中的场景。平时就要积累素材，遇到好的场景要记录下来，也可以使用地图工具搜寻合适的地点。第一轮勘景以快速提案为主，不一定要实地探访。如果现有资源无法满足客户的需求，就得不断寻找新的场景了。

2. 第二轮勘景

如果客户对提案中的某些场景感兴趣或选择了某一场景，就要进入第二轮的实地勘景。这时摄影师还未参与进来，制作团队的其他人员要将勘景信息发给摄影师。

3. 复景

方案和时间表确定后，摄影师可以进行最后一轮勘景，也称为复景。摄影师结合其他成员提供的勘景资料和客户的创意方案，从摄影的视角进行勘景，精确确定被摄产品和拍摄设备的摆放位置，以及拍摄的开始时间。复景工作要做得非常细致，因为会直接影响最终的拍摄质量。

4.3.2 制片方向的勘景

制片方向的勘景内容较多，也有相应的工作法则。因为制片是需要统筹整个项目的，所以制片的勘景更多关注拍摄场景是否满足项目要求，具体包括以下几点。

关注场景与客户要求是否匹配。 如果客户想要的是可以展示车辆越野性能的场景，那么制片首先要做到需求匹配。

关注场地面积是否满足拍摄需要。 有些场地面积小，就要考量场景是否有足够空间容纳所有人员和设备。还要注意摄影机与被摄产品或人物的距离，通常需要至少 10 米，周围环境也不能太杂乱。

了解场地是否提供电源。 需要了解该地点是否提供电源，如果不提供就要自备发电设备。同时要考虑电源的数量、用量等问题。

了解食宿等生活问题。 要考虑制作人员的餐饮、如厕等需求，尤其是在较偏远地区。如果是城区内，还要考虑哪里可以提供外卖服务等。

采集图片。 采集拍摄场景图片，及整体 360 度环境照片，让摄影师了解周围环境。

测试光线。 使用相应的软件测量太阳轨迹，确定该地点的光照条件是否符合拍摄需求。记录太阳到达所需位置的时间，以编排工作时间表。

在条件允许的情况下安排试拍。 勘景时用产品与产品类似尺寸和颜色的物品进行试拍，以测试周围环境对产品的反射影响。

4.3.3 摄影师方向的勘景

摄影师勘景主要关注光线和构图等与拍摄技术相关的内容。一是观察场景光影变化对拍摄效果的影响，如拍摄汽车时要带车进行角度测试，探寻最佳光影，确定汽车的放置位置；二是记录光影变化时间，如拍摄晨光场景要记录日出时间，拍摄夜景要记录灯光亮起时间，这些外景拍摄细节都需要记录并反馈给团队其他成员；三是利用软件测试光线走向，记录日出日落时间等。

通过勘景，摄影师可以掌握场景的光影细节，确定最佳拍摄方案。与制片勘景侧重关注时间规划不同，摄影师勘景更侧重拍摄技术方面的准备，二者相辅相成，共同确保拍摄出高质量的作品。

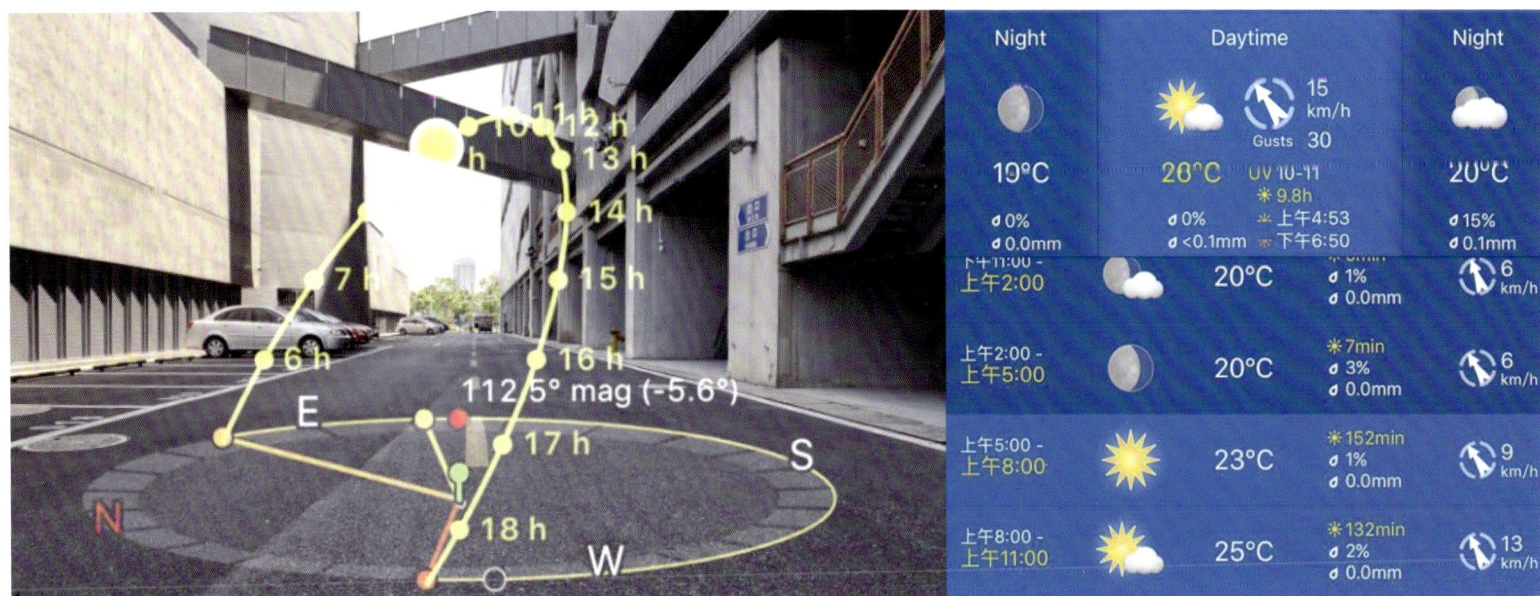

4.3.4 勘景案例

红旗 L5 汽车的一个广告是在游轮码头拍摄的，勘景时没法把车开到码头边，所以在拍摄时留出了岸边停车的空间。

客户确定场景后，摄影助理进行了第二次勘景，这次勘景更细致，要选择一艘船作为背景，让两个人站在船边示意汽车的大小，提供一个可参考的比例给客户和摄影师。

之后要拍一些周围环境作为背景素材，勘景时要使用激光测距仪测量好码头的宽度，还要使用手机 App 对太阳光的轨迹进行记录。

4.4 让人热情满满的时间表

在傲驰看来，热情满满指的是要在工作中保持积极开心的状态。合理的时间管理有助于激发团队成员的热情，发挥每个人的才华，呈现更优质的作品效果。

具体来说，前期要做好时间规划，提前制定详细的时间表，并确保团队成员提前知晓。在广告制作行业，时间表通常称为 Rundown，会明确标注在某时间段拍摄哪些画面、在何处拍摄、由谁负责。傲驰有统一的时间表格式要求。执行阶段要严格按照时间表开展拍摄，后期也要关注时间和工作进度，按时完成修图。

在整个制作过程中，要精心掌控时间，做到事先规划，事中控制，从而确保项目顺利完成。合理的时间安排表既能提高工作效率，也有利于团队保持积极的状态。时间管理的最终目的是让团队在轻松愉悦的工作氛围中发挥最大潜力，呈现出色的作品。

右侧展示了傲驰常用的时间表，供读者参考。

4.4.1 时间规划要合理

　　合理的时间表不仅能保证项目顺利进行和按时完成，也能让团队成员状态饱满，从而提高工作热情。以一个夏季汽车品牌的外景拍摄项目为例：第一个场景在日出时分，正常只需要少数人提前到达，但因为时间表安排不当，所有人过早到场，导致模特前一天工作过晚，第二天缺乏休息时间，状态不佳，最终影响了拍摄效果。因此，时间表的制订要充分考虑各方面的因素，合理安排人员的到达时间，确保大家能充分休息，以最佳状态工作。这不仅对模特和演员非常重要，也适用于团队其他成员。

　　除时间表外，拍摄还需要使用通告单，规定所有人员的准确到场时间和地点。不同岗位有不同的到场时间要求，都需要在通告单上明确标注。严格按照通告单要求到场，有利于项目顺利进行。由此可以看出，时间表要呈现拍摄顺序和进度，通告单则明确人员到场时间，两者相辅相成，共同推进项目。团队成员按通告单到场后，再依据时间表开展拍摄，确保拍出最佳的画面效果。

4.4.2 如何制作时间表

　　制作一份合理的时间表对拍摄工作非常重要。合理的时间表可以提高工作效率，避免失误。傲驰有统一的时间表格式要求，制片人员按格式填写即可。时间表通常包含拍摄日期、地点、天气情况，写明日出、日中、日落时间和相关人员到达时间，还要详细列出每个时间段的拍摄内容、对应的场景、演员和服装等信息。

　　在棚内拍摄时，首先要关注拍摄顺序，其次要合理安排休息时间。因为棚拍会使用大量的灯光器材，需要让工作人员充分休息。每个镜头的拍摄时间根据复杂程度而定，如一个整车镜头可能需要 3 小时。外景拍摄的时间表更为复杂，需要关注的要点也更多。为了抓住最佳光影时机，确保拍出最佳的画面效果，在具体制作时间表时，可先根据前期勘测结果确定拍摄顺序，再合理安排人员到场时间，这样可以高效完成拍摄，避免错过最佳拍摄时机。

　　一份合理的时间表，要兼顾工作效率和团队成员状态，在确保拍摄质量的同时也要照顾到团队成员，这是制作高质量时间表的关键。

4.5 制片就是团队的大管家

广告制作项目都是由团队合作完成的。平面广告项目通常涉及制片、摄影和后期 3 个团队。这 3 个团队地位平等、相互配合，共同协作完成项目。

制片是团队的核心组织者。制片要全面考虑各个方面，细致安排，保证项目按时保质完成。同时，制片还要关心团队成员，激发每个人的积极性和创造力。制片的职责相当于项目经理，在项目前期，制片需要了解需求、制定计划、进行前期准备。在项目执行期间，制片要控制进度、服务客户、组织现场。在项目后期，制片还要进行效果评估、处理后期需求并最终交付成品。

优秀的制片需要具备专业知识、客户管理能力和团队管理能力。制片要了解摄影和后期知识，给客户专业建议，要善于与客户沟通，处理各阶段的需求，还要能带领团队高效完成任务。总之，制片需要全面考虑，同时关注细节，得是一位"事无巨细、面面俱到"的多面手。

4.5.1 前期统筹，“细”关重大

在前期筹备阶段，制片要负责所有资源的统筹规划和分配，要做到分工明确、责任到人，还要给出一个让团队成员热情满满的时间安排表，同时做到预算合理。此外，还要对很多具体的筹备工作负责，包括场景、模特/演员、服装、道具、交通、食宿、美术和器材租赁等。以上这些，都是制片在前期统筹过程要做的。

前期统筹中的每一项细节都是需要面面俱到、安排到位的，这样才能保证项目顺利进行。如果在过程中疏忽了一个细节，就可能导致拍摄过程中出现问题，使拍摄周期延长或拍摄失败。

举例来说，我们要拍一个外景，必须在某个特定时间段内完成，画面中需要有一辆车和一个人，这个项目约定的完成时间是 11 月 5 日。但在前期筹备时，没有和模特或演员确认他们到现场的时间。如果他们早于这个时间到达，可能会因为休息不足、准备不充分，导致不能热情满满地去工作。如果他们晚于这个时间到达，就会导致预定的场景失效。一般来说，制作周期都是既定的，需要匹配广告上线到媒体渠道的时间，因此无法再让我们等待时机进行补拍。没有按时完成拍摄，制作方就需要承担责任，可能是按照合同赔偿客户损失，也可能是因为这个项目而丢掉这个客户。

再举例来说，没有准备好合适的充电设备，导致摄影师的笔记本电脑没电了，连机拍摄使用的数据线都无法正常连接，即使是这些小的细节，都有可能导致项目推迟。

所以说很多看似很小的细节，其实会带来严重的后果，对项目的影响非常大。因此，在做前期统筹的工作时，所有的细节都要考虑到并列出清单。总之，前期统筹过程中的每一个细节都非常关键！

4.5.2 怎样才能做好前期统筹

前期统筹工作非常重要，那作为制片如何才能做好前期统筹工作呢？以下是傲驰制作团队的几点经验。

一是要掌握丰富的制作资源，熟记每一项细节。制片要积累场景、模特／演员、道具等资源，并熟悉其特点与相关细节。

二是要合理分配资源，满足客户需求。根据拍摄要求，合理安排各类资源。

三是关注细节，提供贴心服务。了解客户和团队成员的特殊需求，在细节上提供周到服务。如为摄影师准备工作音乐，为客户提供舒适的沟通空间等。

四是使用清单管理。将各项工作细节列入清单，对照执行，不漏不落，并在工作中持续优化完善。右侧展示了傲驰的制片常用的清单，供读者参考。

项目阶段	类别	工作内容
项目前期	沟通	是否主动与广告公司预约，沟通相关事宜
		是否主动提供相关帮助，如调性参考、素材等
		是否主动会回应客户相关时间安排
		和客户沟通时是否足够专业、自信、热情、积极
	问题解决	是否解决了摄影师不够／摄影师档期问题／客户对摄影师不满的问题
		是否解决了场景不够／场景不合适的问题
		是否解决了模特不够或不合适的问题
		是否解决了客户要求加快并压缩时间的问题
拍摄前	餐饮	是否提前了解客户餐食喜好
		冬天是否准备热饮，夏天是否准备冰桶
		商务车上是否准备饮用水
		商务车内是否补充了零食等
	交通	是否提前预约车辆，并将行程信息告知客户和制作组成员
		是否与司机确认当日出发时间和预计到达时间
		是否提前在客户下车地点接待客户
		是否告知司机提前打开车辆空调或准备毛毯
	工作便利性	是否确认拍摄现场无线网络或准备移动 Wi-Fi
		是否已确认拍摄现场电源正常工作
		是否确认所有纸质文件打印完整且装订美观
		是否随身携带拍摄资料板
		是否携带 LOGO 贴和身份牌等
	舒适性	是否提前打开空调
		外拍时是否准备风扇、暖风机、暖宝宝、防晒用品等
		外拍时是否准备了客户休息棚，休息棚是否足够安全
		是否准备了常用药品等，如创可贴、感冒药、止痛药、酒精棉等
		外拍时是否有明显卫生间标识，且准备了洗手液、湿纸巾等

第 **5** 章

开拍啦

5.1 一张照片并不只是一张照片

当前，大多数商业广告图片在拍摄时都是先单独拍摄要用到的元素，之后再通过后期技术合成。比如，单独拍摄画面所需的场景元素、光影元素、产品、演员、道具及一些美术置景等，再通过后期技术将这些内容合成在一起。最后的交付看起来是一张照片，实际拍摄时并不只是一张，可能需要拍摄几十张甚至上百张，这就对实际拍摄提出了更高的要求。

这样的拍摄是为了保证每个元素都能达到最好的呈现效果。举个例子，画面中的树需要单独拍摄，因为随着时间的变化，树木的光影会发生变化，为了追求更好的画面效果，单独拍摄以记录最美的瞬间。同时，这样做能够保证整个画面具有可扩展性。单独拍摄每个元素，在后期处理时更方便做横版和竖版的画面合成，可以分别调整每个元素。

在项目制作过程中，画面中包含哪些元素，在拍摄列表里都会列出。每一张图片所需的元素，其实已经被分离出来了，并会按照制作要求具体落实。一般来说，平面广告的拍摄列表会很详细地写明每一张图片所需要拍的元素，并会按照勘景的情况详细列出每一张画面或素材的拍摄时间等。

5.2 现场统筹方见制片功力

虽然前期有详尽的提案、完备的统筹和细致的时间计划表，但在实际拍摄中还是需要各种各样的调整，会遇到各种大大小小的状况，甚至主创团队意见不统一的情况。所有这些事情都需要制片迅速做出决策，进行统筹和协调，推动项目继续下去。现场统筹庞杂、琐碎，十分考验制片的能力。

5.2.1 应对场景状况变化

在一些自然条件不可控的场景中进行拍摄是最常见且最具挑战的，比如雨景、雪景或是沙漠和火山这样的特殊场景。无论前期的勘景工作做得多周密，在实际拍摄过程中还是会有一些调整。

天气问题是最常见的，比如拍摄现场突然下大雪且持续不停，导致光线无法满足拍摄需求，或是天气预报的是小雨，但实际下了大雨，又或者预报的是晴天，但实际是多云天气，甚至突然下雨。在这种情况下，拍还是不拍，

能否通过有效调整克服天气带来的影响，都需要制片在现场与摄影部门及客户充分沟通并达成共识，以推进项目继续进行。

此外，还有一些场景有周期性的变化，比如拍摄场景是一条河或一片海，可能有潮汐现象或者正好拍摄时有一些反射等。

还有环境方面的一些小细节，即使勘景了，也很难预估。比如拍摄场景选择了沙漠，虽然前期勘景时已经预料到会陷车并做了相应的准备，但拍摄现场发生的陷车频率、拖车难度等远在预料之外。

虽然已经做了准备工作，如配备了木板、牵引绳和专业的大马力拖车，但没想到四轮驱动的大马力拖车也无力前行。之后，制片组织现场人员把车挖出来。虽然工具都已准备，但是每陷一次就需要半小时来挖车，影响了拍摄进度。

另外，沙漠环境时常刮大风，蚊虫也特别多。场景的光线很好，但是风很大，置景使用的反射板平时是一个人扶，但因为大风，就需要4个人扶。风好不容易停了，但是蚊子来了，沙漠里的蚊子不仅个头大，而且是成群地围着人飞，在这种情况下，模特很难长时间保持固定的拍摄姿势，因此不可避免地延长了拍摄时间。人手问题、安全问题等突发问题，都需要制片去协调解决。

5.2.2 应对模特状态问题

与经纪公司之间的沟通也是体现制片现场统筹能力的重要因素。其中，最具考验的是知名演员的拍摄，如知名演员的档期、知名演员对于拍摄场景及肖像权方面的要求等，都需要制片做好统筹。另外就是演员状态的问题，如在拍摄某款汽车时，需要拍摄演员一边走路一边变换背景的画面，在拍摄原地假装走路的镜头时，演员迟迟不能进入状态，于是临时调配了一台跑步机，才完成了后续的拍摄工作。

如前所述，人的因素是很难控制的，所以参与拍摄的演员和模特还会有其他的诸多状况，如演员长时间摆拍产生负面情绪等，就需要制片适时安抚，以调动演员的最佳状态。当然，还有比较极端的情况，不得不临时换演员。例如，有一个在市区场景进行拍摄的项目，除了主演还有 7 个群演，但群演没有专业演员的表演水平高，始终不能呈现出画面要求的情绪与状态，最后迫不得已换了群演。总之，制片需要根据具体情况，做出在当时环境限制下最有利于达成拍摄效果的临时决策。

5.2.3 应对设备及道具的突发状况

拍摄中可能遇到技术故障，既会有设备本身的问题，也会有设备受外界环境影响的问题。例如，摄像机突然不明原因地不好用了，或者突然刮来一阵大风，把一些设备吹倒损坏了。解决设备及道具问题，一方面需要制片有较强的风险控制能力，另一方面也需要制片对设备及设备提供商非常熟悉，这样才能快速找到最优解决办法。此外，也需要良好的沟通说服能力。

曾经有一个项目拍摄中发生过发电机不能启动的问题，后来发现原因是装有发电机的卡车停在斜坡上触发了发电机的自保装置，发电机不在平地就会自动停止。但是开到平地以后，发电机的功率只能带起 4 盏灯。然而那天是阴天，光线条件距离摄影师的灯光要求还差 2 盏灯。是放弃拍摄还是再调一台发电机来呢？

还有一个项目是在海滩拍摄，取景需要用到一个脚手架来吊威亚，设计是 4 米高，装好以后发现才 3 米。因为在沙滩上要稳定脚手架，所以往下埋了 1 米，但是前期没有考虑这个细节。在这种情况下，是临时换设备，还是就这么拍呢？这些都需要制片来协调并做出决策。

5.2.4 应对临时创意

在片场可能会产生一些突发的创意灵感，但是器材不一定够用或者须重新调整拍摄方案。这时，对创意进行微调是避免不了的。虽然在筹备阶段做过测试，但到了实际拍摄环境难免有变化，有变化就要做选择。例如，在片场发现拍出模特头发和衣服都飘逸起来的画面效果会更好。但当天晴空万里，并没有自然风可以支持拍摄，又没有准备风扇，最后只能由现场的执行团队人工造风了。如果反过来，当天意外刮起了大风，模特的头发和衣服被吹得乱糟糟的，那模特的发型就需要调整甚至重新设计，重新设计造型的话需要半个小时，留给后面的拍摄时间可能就不多了。

所以一旦遇到这种情况，制片首先要判断这一创意是否符合客户需求，最终效果能否出人意料。其次，需要在大脑中迅速判断新创意是否可以实现，实现这个新创意的办法、现有设备、人员需要怎么调整，时间和成本方面的代价是否可以接受。综合判断做出决定后，还要及时与客户确认，并联合摄影师一起迅速行动。

相对来说，棚拍的挑战要比外拍小一些，因为棚拍涉及的部门少，遇到的不可抗因素小。但如果棚拍时有大量的置景，也是十分考验制片能力的。棚拍的现场统筹工作也会涉及场景、演员、设备和人员等调整，需要制片做好全局的统筹协调工作。

不管是哪方面的问题或临时调整，解决办法总会有的。一个资深的制片，不论遇到什么问题，都要在现场找到解决方案，推动拍摄继续进行。在这个过程中，制片需要做的主要是两件事：一是决策，二是协调。要一直不断地进行判断并做出决策，然后协调现场人员按照决策去执行。

5.3 激发团队的战斗力

优秀的作品是整个团队共同打造的，高效率、高品质的拍摄需要片场每一个人的努力。作为片场的大总管，激发团队战斗力，让所有人以更大的热情投入工作，也是制片的一项重要职责。

绝大多数的制作组都是采用多方合作的方式进行项目制作的，整个制作团队涉及的部门众多、人员众多，既有本公司内部的同事，又有外部供应商的人员，而且与很多人可能是初次合作，这样管理统筹的难度就会增大。

5.3.1 耐心磨合，营造良好的工作氛围

摄制组通常是项目立项后才组建的新团队。理想状态是制片非常清楚不同项目所需的人员配备，如果选用的人员之前有过合作，拍摄会更顺利。但由于制作岗位众多，制片无法对每个岗位人员的能力水平做到完全了解，且广告制作行业的人员也在不断流动，即便经验丰富的制片也难以与所有人都有合作经历。

因此，在实际工作中，制片往往只能对摄制组的成员进行粗略判断，但无法深入了解每个人。这样组建的新团队，在开始拍摄时必然需要一个磨合过程。制片需要耐心观察每个人的专业水准和配合程度，逐步调动团队成员的工作积极性。

通过磨合让团队的工作状态步入佳境，是制片在项目开始阶段的重要工作内容。这需要制片既要有专业判断，又要有足够的耐心和灵活应变的能力。只有团队关系和工作氛围融洽了，工作效率才能更高，项目才能更顺利地完成。

5.3.2 满足合理需求，注意激励团队

摄制组中有众多角色，不同角色会有不同的需求。制片要尽量满足团队成员的合理需求，同时找到大家的共同利益点，激励大家为项目而努力。

1. 满足合理需求

对于普通工作人员，特别是助理级别的人员，满足物质需求很重要，因为他们的工作量大，身体和心理状态直接影响整体的工作氛围。要确保他们基本的物质需求得到满足，如提供充足的餐食和水，合理安排工作时间，保证他们休息好。

总之，制片要在资源允许的范围内，满足团队成员的合理需求，充分调动员工的积极性，营造良好工作氛围。

2. 寻求共同利益

满足团队成员的物质需求只是基础，激发动力的最大推手是找到他们在整个制作过程中的利益点。例如，对于摄影师而言，要考虑这个项目对他的作品积累及个人品牌形象的影响有多大。另外，在寻求利益点的过程中，要强调大家是利益共同体，是互相协作的关系，而不要将自己放在管理者的位置去要求别人，或用利益操控对方，造成对立状态，这样只会适得其反。

总之，团队的动力是无法通过要求、命令得到的，制片要学会体察不同人的不同需求，并学会使用各种激励方法调动大家的工作积极性。

5.3.3 疏解压力，适时调整团队成员状态

在拍摄时，团队成员的身心都承受着巨大的压力。例如，一个项目的预算为 500 万元，一天的拍摄就可能消耗 100 万元，涉及场地、器材、人员等各方面的费用支出。制作组面临极大压力，生怕出现差错。若现场出现无法立即解决的问题，制片不仅要自我减压，也要帮助团队释放压力。

在高压强度的工作中关注团队成员的心理状态，帮助他们适时减压，也是制片很重要的工作内容。这需要制片在专业监督之余，也要具备同理心和灵活机智的沟通能力。让团队成员保持舒适的心态，才能带来高质量的制作结果。

5.4 客户管理很重要

在整个制作过程中，提案、筹备、拍摄和后期各个阶段都要做好客户管理。而在现场，是客户与我们首次较长时间的近距离接触，现场的客户管理是否到位，不仅影响拍摄进度，甚至还会影响客户对整个公司的认可度。

5.4.1 客户选片管理

管理客户的选片工作是一个系统工程，需要制片在多个方面进行思考和努力。

首先，要为客户营造舒适的选片环境。现场选片是一个高压的过程，环境直接影响客户的心理状态。制片应注意为客户遮阳挡雨，提供必要的休息设施等，让客户保持舒适的工作状态，以做出理性判断。

其次，对不同选项要给予详尽的说明，把方案的优劣和意图讲清楚。有些细节客户可能不太注意，需要制片和摄影师进行指导，帮助客户快速明白各选项的区别。

再次，提前规划充裕的选片时间。现场的光影变化和拍摄效果难以完全预测，客户需要时间进行比较、判断和调整，制片应该有充分的心理准备，给客户留出足够的时间。

最后，要随时注意客户的情绪变化。现场不可控因素可能让客户感到焦虑，制片需要用心关照客户心理需求，用语言去安抚和鼓励，帮助客户维持积极心态。

只有在良好的环境和心态下，客户才能更好地完成选片这一关键性的工作。制片需要从多个方面出发，采取多种措施帮助客户顺利完成选片工作。因此，选片管理需要制片既心细如毫，又能宏观地把控全局。做好客户的选片管理也是保证项目顺利进行的关键。

5.4.2 管理要求较多的客户

在拍摄中，客户常会提出一些新的要求，这时制片要基于专业判断，区分哪些必须在现场拍摄，哪些可以后期合成。对于可以后期实现的要求，制片需要与客户进行充分沟通，说服客户选择合成片率，以节省拍摄时间。制片要根据掌握的专业知识找出示例图片进行说明，让客户明白画面效果是可以通过后期技术实现的。同时，要用通俗易懂的语言来详细解释，因为每个客户对技术的理解程度都不同。例如，要实拍一个玻璃塔的画面，很难避免污渍，因此可以选择用三维软件来制作。

做好沟通，让客户同意后期合成方案，可以有效缩短拍摄时间，制片要在专业基础上换位思考，站在客户角度做好解释和说明。

5.4.3 管理参与度过高的客户

有时会遇到参与度极高的客户，如在时尚拍摄中，客户可能直接调整一些小配件和造型，也有一些具备专业知识的客户会质疑摄影师的拍摄技术，这时制片要判断客户直接参与拍摄工作是否有益。

如果团队做得不够好，客户参与后可提高效率，就可以让客户多参与一些拍摄工作，如从事专业美妆的客户直接指导造型设计，造型设计的效率会明显提升。但如果客户对流程不太理解，制片应技巧性地劝阻，不要让客户影响正常工作，可以说"您提要求，我来沟通执行"，将客户的需求传达给团队成员。

5.4.4 应对客户不跟片的情况

以前客户不跟片的较少，一般开拍前会确定是否跟片。如果客户突然无法到场，要提前重新规划时间，留出非现场确认的缓冲期。拍摄中要及时将素材反馈给客户，客户确认后再继续。

随着技术的发展，客户不跟片的情况可能会增多。制片应以最终效果为先，灵活判断和协调客户的需求。

总之，制片要善于判断客户直接参与拍摄的利弊，有技巧性地处理客户过高的参与度，并以结果为导向进行管理，确保项目按期高质量完成。

5.5 一切真的会按照时间表进行吗

虽然前期制作了非常详细且周密的时间表，但在实际拍摄中，能够完全按照计划执行的情况并不多。通常是过程中的时间分配会有调整，前期用时延长了，后面就要追回来。但如果超时了，就会增加整个项目的成本。所以，把控现场进度和节奏，保证拍摄按时完成，是片场管理的重点和难点。

5.5.1 影响拍摄进度的因素

影响拍摄进度的主要因素有以下几点。

1. 现场统筹是否及时有效

现场统筹的任何方面都会影响项目进度，对场景、设备、道具、摄影师、模特/演员、客户等的协调统筹工作是否及时合理，都会直接体现在时间安排上。

遇到不可控的场景因素能否及时决策，遇到演员状态不佳时能够采取措施及时调整，遇到设备和道具故障时能否快速修理好，遇到成员意见不一时能否快速协调达成一致，等等。每件小事的应对处理，都会对拍摄进度造成影响。

2. 时间安排是否合理

现场拍摄能否按计划进行，与时间安排是否合理是相关的。这就要求制片本身职业素养过硬，能排出切实可行的时间表。比较专业的人会去判断摄制组的大概情况，然后相应地调整时间安排。

而如果时间表本身规划得不合理，制片对摄制组的状况不了解、对设备及道具调整所需的时间没有准确预估、对现场其他情况也没有任何准备，那么整体的拍摄时间与计划时间就会相差较大。因此，制片在制定时间安排时一定要尽可能地考虑周全。

3. 对客户需求理解是否精准

对客户需求的理解是否精准，也直接影响拍摄进度。如果提案没有把握住客户需求，现场拍摄效果难以让客户满意，就会严重拖延拍摄进度。

在拍摄时通常会提供多个选择，但如果客户对每一个画面都难以确定，很可能是提案没有准确把握客户想要的风格。这时制片要先判断责任归属，是不是制作方准备不足。之后在现场要针对客户的需求及时调整，比如更换道具、演员、服装等。此时成本会增加，需要与客户确认是否可以承担额外的费用。

在追进度时，要恰当表达要求，不能传递焦急的情绪，得保证团队成员的积极心态不受影响。总之，提前准确把握客户需求是顺利拍摄的基础。现场制片既要灵活调整，又要稳定团队的积极性。只有理解需求对错和责任归属，才能采取有针对的措施保障拍摄进度。

5.5.2 如何管控拍摄进度

总的来说，我们要关注时间，但时间管理的重点其实在时间之外。真正能保证项目按计划进行并如期完成的，是我们在提案阶段对客户需求有深入的理解，在前期筹划阶段做好充分准备，以及在现场对团队、客户、突发事件进行良好管理和风险评估。对于一个专业的团队来说，做好这些准备工作，高效完成项目就是水到渠成之事，时间管理只是结果。

傲驰在现场进度管控方面有一些基本规定。例如，制片助理需要时刻关注拍摄进度，并根据工作计划提醒制片，以便制片采取相应措施及时调整。

在实际拍摄中，经常会发生计划拍摄时间被拖延的情况，因此就需要灵活作出调整。在整个过程中，制片都要密切关注时间节点。制片可以将拍摄过程划分为几个阶段进行时间管控，而不是严格控制拍摄每个画面的时间，这样可以更灵活地应对拍摄过程中发生的变化。

此外，制片要非常清楚客户的需求。在前期阶段就要充分沟通，弄明白客户想要的是什么风格或效果，无论是对客户的产品还是服务都要有深入的理解。

5.6 注重细节，善始善终

有些细节在很多人看来微不足道，时常被忽视，但可能是整个广告制作环节中至关重要的部分。有些项目往往由于某些细节工作做的不到位，导致在制作过程中发生了风险或最终交付物产生了瑕疵。

5.6.1 基本注意事项

在片场，整个摄制团队都处于紧锣密鼓工作的状态，但在高压、高效运转的同时，也需要注意一些基本的事项。

安全第一。 在片场拍摄时，我们已经做了充分的安全准备，每次外拍也都会为所有人购买保险。但不论计划多么周全，在片场都会遇到各种突发状况。这些突发状况，可能是一些小问题，比如我们前面提到的设备问题、天气状况、道具问题等，也可能是会破坏整个项目，甚至威胁整个摄制组生命的大问题。一旦遇到突发状况，首先要考虑的就是保证人员安全，没有什么比安全更重要，要在保障全员安全的基础上进行拍摄。提前做一些准备，可以帮助我们更好地应对突发状况。新入行的制片需要经过系统的培训，让其了解并掌握相关的工作技能、片场规范及工作注意事项。

注重环保，绿色拍摄。 在整个拍摄过程中，要节约能源，不制造过多的垃圾，不使用对环境有不可逆性影响的道具等，拍摄完成后要及时清理干净现场。如果是在市区拍摄，要保护公物，同时注意团队形象，因为拍摄通常是在公共场合，拍摄过程中工作人员的形象体现了制作组的专业性。尤其是在一些特殊场景中，如历史古迹、文物保护单位等。在野外环境拍摄时，要注意保护当地的地貌、土壤、植被、水体等，不搅扰在当地栖息的野生动物。

注意保护被拍摄的产品。 为了防范一些意外的磕碰、剐蹭，要保护好被拍摄的产品和设备，确保不被大风吹倒等。

5.6.2 做好拍摄收尾工作

在广告制作过程中，放眼整部影片一个重要阶段，拍摄是一个重要阶段，但拍摄工作完成并不代表制片的工作完成了。在拍摄完成后，摄影师、演员或其他工作人员可以休息了，但制片还有很多现场收尾的工作要做，哪怕这个时候已经精疲力尽了也不能松懈。收尾工作难度不高，但做好不易，具体来说主要包括以下几方面。

第一，制片需要查验拍摄器材、道具、产品、服装等是否完好，这些东西多是租用或借用的，要保证完好无损地归还。第二，有些单据要及时签字。很多费用不是现结的，制片要与供应商确认，如拍摄有没有超时、超时多长等。第三，送客户和摄影师离开。在拍摄快结束前，制片就要提前联系司机准备好车辆，停在离片场最近的地方，等到拍摄结束后，送客户上车并目送客户离开。在中间可以询问客户对这次拍摄的感受和想法，预估客户到家后也要及时联系问候。送别摄影师也类似，要根据情况安排好交通等事宜，送摄影师离开或回酒店休息。第四，做好内部器材和人员的安排。如果使用了内部的器材，要保证器材入库。外拍时，还要保证相关人员到达酒店，并提醒第二天的拍摄时间等。

收尾工作做的好不好，也能反映制片工作是否细致严谨，同时会对后续的工作产生一些影响。只有把收尾工作做好，整个拍摄才算圆满完成了。

第 6 章

痛并快乐着的
后期

6.1 素材管理

　　所谓素材管理，就是对拍摄的所有原始照片进行存储和管理。所要管理的素材是整个团队前期工作的成果，也是保证项目可以顺利交付的基础。因此，必须保证素材的完好无缺。

6.1.1 素材管理的重要性

　　素材管理一直是一项非常重要的工作。在胶片时代，为了保护胶片不曝光，制片要在拍摄完成后第一时间回到洗印厂去冲洗照片，再进行胶转磁等后续工作。因为胶片对储存条件的要求极高（温度不能过高、不能颠簸、不能压、必须遮光等），一路上制片都要非常小心谨慎；在机场安检时，胶片也是不能过 X 光安检设备的，因此还需要印厂开具相应的证明才能通行。在那个年代，可以说制片是在用生命保护拍摄的素材。

　　到了数码时代，照片保存运输的技术要求变得很低，但拍摄的方法有了更大的变化。在平面广告的胶片时代，每一张图的布光都是非常复杂的，拍一张照片可能需要四五十盏灯去为汽车打光。因为使用胶片拍摄，后期修图的空间较小，所以在拍摄时就得充分考虑需要表现的细节。在数码时代，拍摄单张照片所需的灯光数量少了，因为可以先局部拍摄，然后靠后期去合成。随着后期技术越来越强大，需要拍摄的素材图片也越来越多。

　　在这样的拍摄技术下，通常一款产品的不同颜色、不同材质、不同结构，都需要单独去拍摄，总体的素材量就会非常大。很难想象，有时我们能看到的一张 KV（Key Visual，主视觉 / 主画面），其实是由七八十张照片合成的，而这七八十张照片只是被选中的素材图，实际拍摄的素材图可能有 1500 张左右。在这种情况下，虽然底片保存的物理要求不再那么严格了，但素材数量的指数级增长对素材的保存和管理提出了新的挑战。

ZEEKR X

6.1.2 如何做好素材管理

动辄上千张的素材图，对我们的素材管理水平提出了挑战，如何才能保证素材不丢失、易查找呢？傲驰认为做好以下几点，可以大大提高素材的管理水平。

首先，有条件的可以设置专岗专人来负责素材管理。对于图片素材的储存管理，实际上行业内已经细分出了一个专职岗位叫数码助理。有的制作公司分工较细，还会有摄影助理和灯光助理，摄影助理专门负责器材管理，灯光助理主要负责布光，而数码助理则主要负责素材管理。

在拍摄过程中，数码助理会一直在计算机旁，每拍一张就保存一张，并且按一定的逻辑对照片进行重命名。一般来说，数码助理会提前建立不同的文件夹，以对照片进行分类保存。有的数码助理还会用 Photoshop 软件，在拍摄时会按照摄影师的设想对图片进行粗拼，以验证是否合适。

例如，主光的照片拍好了，数码助理会即时保存，并将照片命名为"主光"，之后摄影师拍一张，他保存一张，并按"主光 01、主光 02、主光 03"这样的顺序命名照片"。此外，在拍摄量不是很大时，数码助理会在空闲时间按摄影师的想法进行简单拼图，将主光照片和各种素材图合在一张图里，以确认这张照片或素材是否可用。

其次，制片要了解或制定命名规范。大多数摄影师对自己的素材存储都有自己的习惯，虽然大概思路很相似，但具体的命名方法还是不一样的。有人用外语、有人用数字、有人习惯系统默认名等。

而作为制片，是要负责素材后期的沟通对接的，需要将素材的具体信息清晰完整地传递给后期人员。因此，制片一定要了解清楚每位摄影师的命名习惯，掌握素材的存放标准、命名标准和使用方法。在实际工作中，制片可能不会对摄影师说这件事，只会跟数码助理沟通。最后数码助理会给制片人一个硬盘，并一起过一遍图片。

当然，制片也可以要求摄影师按照他制定的命名规范去命名拍摄的照片。制片提供一个命名规范，要求所有摄影师统一按照这个规范来命名，这样便于素材的管理，同时也降低了与后期修图人员的沟通难度。

有时，客户会对图片的命名方式给出具体要求。拍完的照片要按照约定好的素材存储方法、命名方法和使用方法做好标记。特别负责任的客户或摄影师会要求数码助理制作一个表格，详细记录照片的存储路径。这样制片就要负责将这个表格设计好，并在拍摄完成后查看记录的情况。

最后，一定要双备份。在数码时代，虽然素材的储存难度大大降低了，损坏或丢失的风险变小了。但为了避免硬盘丢失、误操作删除、磁盘损坏、数据无法读取等特殊状况的发生，在储存时一定要谨慎，做好双备份。

一般来说，制片都会将拍摄的照片备份两份，摄影师或数码助理也会保存一份。之后，制片会自己留一份，另外一份传给后期修图人员。

因为拍摄的照片清晰度高，占用的存储容量较大，用网络传输，速度较慢，因此主要使用硬盘来储存和传递素材。

6.2 后期修图阶段的工作流程及常见问题

　　拍摄工作完成后，就要开始进入后期修图的工作了。后期修图时，也需要制片持续跟进。

6.2.1 工作简报传递

在拍摄完成后，制片不仅要将所有的拍摄素材交给后期人员，还需要制作一个新的后期工作简报，后期工作简报主要包括修图要求、工作时间表等。

后期修图要求主要以拍片前的制作准备会议上与客户确定的后期参考内容为基础，结合在拍摄过程中的一些粗拼效果，或是根据现场情况所做的一些调性调整，这些内容都会放在后期的总体工作简报中。在拍摄现场，客户可能会作出一些调整或选择，但因为信息比较零散，且现场可能比较混乱，我们只是知道，但没有记录。如果这些客户需求在后期工作简报中没有体现，就会导致后期修图不符合要求。例如，一个红包，一个绿包，客户在现场告诉我们说要选红包，但由于我们没有写到工作简报中，也没有审核，最后客户拿到图后发现这么明显的问题，体验就会非常不好。因此，制片一定要记录好客户的意见，也要认真审核，有些遗漏的要在审核时进行补充。

后期修图的时间表要清晰地列出相关的时间节点。在确定具体出图时间时，后期出图的时间要比给客户要求的时间稍微提前一些，而且在修图过程中也要根据修图逻辑设置一稿、二稿和三稿的完成时间。

除了以上两点，后期修图的报价单也是需要制片与后期修图人员交接的重要内容。当然，在前期筹备时，项目的后期修图价格已经做了预算。拍摄完成后，通常都会对预算进行一定的调整，调整后的报价要添加到后期修图的工作简报中。

制片要负责后期修图工作简报的制作。如果没有大的调整，制片通常会依据最初的项目工作简报制作后期修图工作简报。但如果调整的内容较多，制片就需要与摄影师一起制作后期修图工作简报，或在与摄影师沟通确认了后期修图要求后，自行制作后期修图工作简报。

6.2.2 一般的工作流程

制片不仅要制作发送后期修图工作简报，还要保证后期修图人员按照工作简报的质量要求和时间要求顺利地完成工作。

按照傲驰的整体工作流程，后期修图分为 3 个阶段，通常称为三稿。这三稿的理想时间安排是改一稿需要 3 天，预留半天时间等待客户反馈意见，然后进入第二稿的修改，再用半天时间等待客户反馈，最后进入第三稿的修改。但根据不同项目的复杂度，完成三稿中每一稿所需的时间都不太一样。同时，整体修图周期还受客户反馈情况的影响，客户反馈的及时程度和准确程度不同，都会影响整体周期。在这个过程中，就需要制片在后期修图团队与代理商之间开展大量的沟通协调工作。

在比较正式的沟通流程里，通常一稿要有一个比较正式的呈报形式，传统的做法是要与客户开会，面对面地让客户确认粗拼效果是否符合需求，透视关系是否正确等，并且每一稿的修改意见都要经过客户签字确认，然后再让后期修图人员去修改。

在时间进度方面，三稿的完成时间也要根据具体情况进行沟通和调整。例如，第一稿完成后反馈修改较多，原来计划是 3 天以后交第二稿，现在是不是要变成 4 天以后了，这些都需要制片去跟后期修图人员沟通，再跟客户沟通确认。

当然，现在随着工作节奏的加快和沟通方式逐渐多样化，传统的呈报形式也在变化。经常是"邮件发、手机看"，客户给出反馈意见就安排调整。这种做法的好处是方便、快捷，不过要注意避免因非现场沟通而引起理解偏差的情况，注意与客户重复确认，以确保双方理解一致。

6.2.3 常见的问题

根据傲驰多年来完成众多项目的经验来看，后期修图过程的跟进难点大多数在于客户的反馈。经常会遇到客户意见模糊不清或迟迟不给反馈两种情况。

第一种，客户反馈的意见模糊不清。在这种情况下，需要制片去沟通，确认画面到底要怎么修改。一方面需要制片积累经验，了解客户的心理；另一方面，制片要在日常积累一些问题，通过问题明确客户的意见。以一个案例来说，客户反馈只讲了对当前稿不够满意，后期修图人员很难根据这个反馈来修改。这就需要制片通过问题来引导客户，将客户不满意的点具体化，将客户希望修改的方向具象化。

第二种，客户迟迟不给反馈意见。这种情况比较少，偶尔出现。发生这种情况的原因有很多，也许是交稿日期变了，也许是人事变动涉及新旧负责人的交接等。但是客户不反馈，我们不能只是等待。一方面，可能发生的进度变化要提前提醒客户，基于新的交稿日期制定新的时间表，告知客户最晚要在什么时间给予反馈；另一方面，要在这段时间内充分地跟客户沟通修图的需求，以便后期修图人员有所准备。

后期修图的跟进工作是非常重要的，并且非常考验制片的能力。在这个过程中，制片要综合管理时间、管理客户、管理成片质量，以确保项目顺利完成。

6.3 不存在的最终版

后期修图一般是修三稿，但我们知道这里所说的三稿只是大致流程，而非改动次数。

以汽车摄影为例，第一稿通常是粗拼，粗拼是将摄影师拍摄的素材有选择、有条理地拼到一起。一是拼主光，主光一般会用 2~3 张素材图确定下来，有时也会用一张。二是拼一些局部，如玻璃车窗、轮胎等。三是拼一些更小的局部，比如门把手、镀铬装饰等。

第二稿要做的是调性处理，调性是指画面的颜色、明度等。通俗点说就是整体画面是偏冷还是偏暖，是偏亮调还是偏暗调。再详细点就具体到画面的明暗和色相的比例，比如暗调占多少面积，冷暖色各占多少面积。

第三稿是对细节的修饰。细节修饰要处理很多细节，如修钣金轮胎上的脏点，修玻璃和镀铬装饰上不好看的反射等，有些合成的外景图需要加一些反射和环境色。人物的毛发和小的反光等也需要修饰。

大致流程是三稿，但在这个过程中的改动次数可能会非常多，常常是我们以为是终版了，但客户又反馈了新的修改意见。根据傲驰的实际工作经验来看，一般的项目平均要修改 6 次才能提交。在这个过程中，制片是客户与后期团队之间的桥梁，一定要对内对外都做好沟通，以尽早实现最终版。

6.3.1 对外：管理好客户预期

在对外沟通方面，制片要让客户对后期修图的三稿有清晰的认知，管理好客户对每一稿要改到什么程度的预期。客户当然是希望每一稿都看到完美的精修图，包括调色、修脏等方面。这样做虽然会让客户的体验更好，但很浪费时间，而且中间多次修改的成本也很高。例如，在第一稿时就把车身的所有反光都修好，路面也修到干干净净的，但是中途接到修改意见，后期还得根据新的场景重新修改这些细节。

为了让客户的预期尽量合理，傲驰的制作团队给出了以下3点建议。

第一，制片要尽量提前给客户讲清三稿的含义，让客户理解后期修图是有逻辑的，并且清晰地告知客户第一稿是粗拼、第二稿是调性调整、第三稿是细节修饰，让客户对每一稿都有合理的期待。通常来说，这样提前沟通后，客户提意见也会更有方向性和针对性，合作起来会更加顺畅。

第二，在提交每一稿去给客户审核时，都需要做好详细说明，让客户知道在这一稿中后期修图人员希望确定的具体内容。虽然通过前面的沟通，客户知道了第一稿是粗拼，但并不很明确需要提什么方向的反馈意见，甚至在前面的沟通中，客户当时没有具体感知，到实际审核时忘记了修图逻辑。

比如在提交第一稿时，要告诉客户这一稿主要是将素材完整拼起来看整体效果。需要客户确认素材拼起来后的整体感觉是否合适，图片中的元素是否保留或替换（如图片中的树要不要，演员的姿势是否喜欢等）。至于"路面脏""衣服上有小的褶皱"等这些小细节，要告诉客户会在第三稿时修改。

第三，在具体审核中，还要很明确地告知客户哪些不可以修、哪些可以修、可以修的能修到什么程度。因为某些细节的最终效果可能会影响客户是否选择这个素材或姿势，但客户并不能想象最终的修图效果。这就需要制片做好沟通，辅助客户做出选择，必要时可以用之前项目的对比图进行说明。

总之，在与客户确认修改意见时，制片一定要充分沟通、做好把控。让客户非常清楚每一版修改的思路，以及确认需要修改的内容，在此基础上去整理客户的反馈意见。

6.3.2 对内：做好质量把控

在整个修图过程中，制片是客户和后期修图人员之间的桥梁。制片不仅要把控好客户的意见反馈，还要把控好每一稿修改的质量。每次提交前，制片都要做好检查工作，如果没有达到客户的要求，就要返回去重新修改。具体来说，每一稿的做法不同，我们分别来讲解。

通常第一稿是根据后期修图的工作简报制作出来的，工作简报中的修图要求是制片与客户和摄影师沟通确认的。在后期修图人员修改完成后，制片要审核一遍，确保都按要求修改了再发给客户。这就需要制片在时间安排上留出余量，留出审核以及再次修改的时间。

第二稿也是由制片与客户沟通反馈意见，制片要在沟通过程中做好记录，并且让客户确认整理好的审核意见。有的客户也会要求直接与后期修图人员沟通修改意见，这时制片要做好记录并整理清楚。在修改完成后，要对照记录的修改意见，逐条检查，确保修改到位，之后再发给客户。

到第三稿时，修改意见会非常详细，如衣服上的褶皱或某处有一点脏要处理等。

总的来说，修图的过程是比较磨人的，即便合作顺畅，一次就过也几乎是不可能的。作为制片，首先要调整自己的心理预期，以平静的心态面对多次改动，同时安抚好后期修图的同事并做好与客户的沟通工作。整个过程都需要保持耐心、细致，对客户需求和图片内容都要有深入的理解，认真做好每一稿的审核与沟通反馈。

6.4 别让所有的努力毁于一旦

　　几周甚至几个月的辛苦奋斗后，客户终于认可了拍摄的作品，确定了最终稿。这时，制片就要进行项目交付了。一般情况下，我们会更关注作品的最终效果而忽略了商务方面的问题，将交付过程想得比较简单，认为只要作品效果让客户满意了，直接交付就可以了。但这样做其实会产生很大的风险，甚至可能让之前的所有努力都毁于一旦。

6.4.1 交片不只是发给客户

一般来说，拍摄的照片经过修图并让客户确认后就可以交片了，按客户所提的版式要求、大小要求存盘。通常会选择电子邮件来发送下载链接。但是，交片作为项目中的一个重要节点，还涉及很多其他内容。

首先，在交片时一定要做好记录，并让客户签字。一般专业的甲方、乙方或丙方都是严格按照合同去执行交片的，对内容、时间等都要确认清楚，并让客户签字。

其次，要严格按照客户的验收流程去操作，有的客户会要求填写很多验收表格。只有这些流程都按照客户的要求完成了，客户的内部审核工作才能开始。除了需要提供相应的信息，还需要与业务部门和采购部门交接。

如果没有按照客户的要求提交所需信息或走相应的流程，最后就可能出现片子已交但项目款不能到账的情况。例如，我们只是通过邮件或微信将作品的下载链接发给了客户，客户的业务部门收到链接后下载并使用作品，但客户的采购部门并不知道或并没有收到应收的文件，就很可能会不认账，我们去收项目款时就会遇到困难。

6.4.2 让交付更有仪式感

交付不应只是将最终版作品按照商务流程提交给客户，傲驰很多经验丰富的制片都会在交付阶段额外去做一些贴心的小事。这就像一篇文章的结尾写得更出彩一样，不仅可以升华主题，还会让人印象深刻。

1. 表达感谢，鼓励团队

一般好的制片会在顺利交片以后给整个制作组或所有参与项目的人发一些工作过程中的合影和问候语等。尤其是对摄影师，制片还会把最后的成片发给摄影师。但有些制片，如果摄影师不主动要，可能就不发了。一般情况下，照片修图整理后发给摄影师并告诉他这个项目结束了，请他保留一份，表达感谢并期待下次继续合作。

傲驰的制片在这方面做的比较到位。制片去国外拍片，拍完回来修图，修图完成后会把成片发给摄影师，同时会告诉他这些作品什么时候公开发布。因为有的摄影师会整理自己的摄影作品集，只有作品公开发布了以后，他才能将作品收录到作品集中去展示。

2. 细节服务，维护良好关系

在交付的过程中，要注意上下游客户关系的维护。很多事情看起来非常细小，但却会帮我们留住很多的供应商和客户。

第一，尽早结账。在拍摄过程中可能会使用很多外部资源，尽早结账才能让供应商愿意再次合作。现在大部分操作方式为签确认单，事后由公司统一打款，但制片仍然要去关注供应商账款支付的事情，确保尽早结清。

第二，给出好的评价。无论过程什么样，最后都要感谢供应商的辛苦付出，可以通过宴请供应商或其他形式表达感谢，并给出好的评价。

第三，向客户表示感谢。感谢他们对于制作团队的支持与认可。

做好这些事情，一来可以表达我们对项目的重视，二来可以增进沟通，提高交付的满意度，继而维护良好的客户关系。

附 录

你的付出
终将被看到

超跑怎么拍？

傲驰用这组成片给你
答案！

ARCFOX-GT 是北汽新能源推出的首款纯电动超跑汽车。与传统家用新能源汽车不同，超跑汽车在设计方面具有更强的视觉冲击力。为增强市场竞争力、推广品牌形象，傲驰于 2019 年 10 月为 ARCFOX-GT 拍摄并制作了一组平面广告，彰显了这款车集动感与科技于一身的强大震撼力。

这组广告的拍摄邀请了德国的汽车摄影师菲利普·鲁普雷希特（Philipp Rupprecht）............ 普与过多款超跑汽 ....下面的作品展示了其高超的摄影水平。

实景拍摄能够呈现真实的视觉冲击力，同时更容易引起受众的共鸣。ARCFOX-GT 有赛道版和街道版两款车，为了完美展现两款车各自的特性，傲驰选择了不同的场景分别进行拍摄。

ARCFOX-GT 赛道版的拍摄地选择了浙江绍兴国际赛车场和余姚四明。在专业的赛车场赛道取景拍摄不仅能展现这款超跑的速度与气势，也能突显其强劲的性能，一改人们对纯电动汽车的印象，突出呈现新能源汽车的动感与激情。

在拍摄过程中，制作团队借助专业的汽车摄影支架拍出了车身清晰而背景模糊的效果，以体现这款车所带来的速度与激情，展现了汽车灵动的风采。

针对银色的 ARCFOX-GT 街道版，傲驰希望通过画面充分展示其凌厉的设计线条与充满未来感的气质，因此将这款车的拍摄地选在了秦皇岛的阿那亚小镇，在小镇兼具设计感与时尚感的环境中突出呈现这款车纯粹、简约、科技感十足的设计风格。

除了实景实拍，制作团队还在摄影棚内拍摄了简洁但又具有冲击力和未来感的图片，清晰明了地展现了车身的结构与线条，使这款车简约的设计美与机械美一览无余。

不论是在合适的场景中实拍呈现真实感，还是在棚内以精巧的光线勾勒惊艳的设计美，整组作品都精准且巧妙地传递了 ARCFOX-GT"生而破界"的产品理念。

关于
傲驰影效科技集团 ━━━━━━━━━━━━━

傲驰影效科技集团成立于 2011 年，是专业的商业影像制作与视效创意科技
公司。旗下拥有专业视觉制作品牌 NEW ORCHARD 及聚焦行业新锐导演、
影像创意人才挖掘培养的教育品牌高地教育。作为专业的商业品牌视觉制作
资源平台，集团业务已涵盖商业广告制作、创意内容服务与视效技术应用三
大商业服务领域，获得包含汽车、电子、快消、时尚等众多行业品牌合作伙
伴的信任。

在新技术、新内容、新场景的驱动下，傲驰已成为中国虚拟视效技术应用的
创新推动者。基于对视觉创意行业的深刻洞察与视效技术的研发及应用，傲
驰在国内率先建成了融合扩展现实（XR）技术与高科技交互式摄影控制系统
（MoCo）的虚拟拍摄影棚"MOTO STAGE XR"。凭借成熟的扩展现实技
术应用系统，傲驰与国内顶尖硬件科技厂商及头部文化 IP 达成了稳定的战略
合作关系，业务涉及虚拟直播、虚拟数字人、虚拟电影短片、原创数字音乐
等多元化商业应用。

本书由"数艺设"出品，"数艺设"社区平台（www.shuyishe.com）为你提供后续服务。

扫码关注微信公众号

"数艺设"社区平台，为艺术设计从业者提供专业的教育产品。

与我们联系

我们的联系邮箱是 szys@ptpress.com.cn。如果你对本书有任何疑问或建议，请你发邮件给我们，并请在邮件标题中注明本书书名及 ISBN，以便我们更高效地做出反馈。

如果你有兴趣出版图书、录制教学课程，或者参与技术审校等工作，可以发邮件给我们。如果学校、培训机构或企业想批量购买本书或"数艺设"出版的其他图书，也可以发邮件联系我们。

关于"数艺设"

人民邮电出版社有限公司旗下品牌"数艺设"，专注于专业艺术设计类图书出版，为艺术设计从业者提供专业的图书、视频电子书、课程等教育产品。出版领域涉及平面、三维、影视、摄影与后期等数字艺术门类，字体设计、品牌设计、色彩设计等设计理论与应用门类，UI 设计、电商设计、新媒体设计、游戏设计、交互设计、原型设计等互联网设计门类，环艺设计手绘、插画设计手绘、工业设计手绘等设计手绘门类。更多服务请访问"数艺设"社区平台 www.shuyishe.com。我们将提供及时、准确、专业的学习服务。